HASTA QUE LA MUERTE NOS SEPARE

DR. VIRGILIO A. CORDÓN

HASTA QUE LA MUERTE NOS SEPARE

Cómo cumplir esta promesa sin fracasar en el intento

HOJAS DEL SUR

Buenos Aires

www.hojasdelsur.com

Cordón, Virgilio
    Hasta que la muerte nos separe : cómo cumplir esta promesa sin fracasar en el intento . - 1a ed. - Ciudad Autónoma de Buenos Aires : Hojas del Sur, 2014.
    192 p. ; 23x15 cm.

    ISBN 978-987-1882-22-9

    1. Autoayuda. I. Título.
    CDD 158.2

Queda hecho el depósito que marca la ley 11.723.
© 2014, Hojas del Sur S.A.
Albarellos 3016, Buenos Aires - Argentina

www.hojasdelsur.com

ISBN 978-987-1882-22-9

Publicado por Editorial Hojas del Sur S.A.
Dirección editorial: Andrés Mego
Edición: Michelle Juárez
Diseño de portada e interior: Arte Hojas del Sur

DEDICATORIA

A DIOS, la esencia del AMOR, por permitirme ser un instrumento para servir a tantas personas.

A Margarita, mi esposa y compañera de esta aventura llamada vida, por haberme proporcionado inspiración, amor y apoyo incondicional, siempre.

A mis hijos, Margarita, Camila y Diego, por recordarme todos los días lo bendecido que soy y enseñarme lo que es el amor incondicional.

A usted estimado lector, por tener mis palabras en sus manos y por permitirme acompañarlo a construir el proyecto más importante de su vida... hasta que la muerte los separe.

PRÓLOGO

Cada vez que una pareja decide compartir su vida, dejan de ser dos para convertirse en una nueva entidad como ninguna otra en el mundo. Apreciar y desear esa nueva dimensión es lo que nos permite adaptarnos, por difícil que parezca. Cuando decidimos amar a alguien, automáticamente ocurre una transformación íntima que provoca hacer a un lado nuestra individualidad para comenzar a pensar en función de la pareja y de la familia que iniciamos. ¡Qué emocionante!

Sin embargo, conforme el tiempo pasa, las expectativas sobre cómo debería ser nuestra relación se convierten en una carga pesada que intentamos poner sobre los hombros de nuestra pareja, y tratamos de obligarla a que cumpla con nuestros requerimientos, en lugar de dejar que la relación crezca naturalmente, con el aporte de lo que cada uno puede ofrecer, según su identidad. Es entonces, cuando empezamos a crear reglas, a medir lo que damos contra lo que recibimos, y dejamos de pensar en la pareja para regresar al individualismo, por decirlo de una forma elegante que otros llamarían egoísmo. Esta nueva actitud provoca que el amor empiece a debilitarse, sin importar cuánto tiempo ha permanecido o qué tan íntima haya sido la relación. Por lo que es determinante aprender a comunicar abiertamente lo que pensamos y sentimos para lograr acuerdos y evitar la crisis o enfrentarla con la mejor disposición.

Esto no pasa solo con nuestra pareja, también sucede con nuestros hijos, amigos y compañeros de trabajo. Al intentar conectarnos con otras personas, aportamos nuestros modelos aprendidos y nuestro sistema de creencias sobre cómo deben ser las cosas. Si no se cumplen nuestras expectativas, empezamos a cuestionarlo todo, a juzgar e incluso a pelear por nuestros derechos. Nos preguntamos: "¿Será que me he engañado? ¿Será que me engañó? ¿Será que realmente me ama? ¿Tendré muy altas expectativas? ¿Será que ya no estoy tan joven o ya no soy tan exitoso e inteligente? ¿Será que no soy suficiente para mi pareja?" ¡Nos hundimos en un mar de dudas que pueden resolverse al exponerlas y dialogarlas!

Entonces, al enfrentar esa realidad con la pareja que echa por tierra nuestras expectativas, al abrir los ojos a nuestras debilidades y a las de la otra persona, nos inunda una sensación de desesperanza que nos desorienta y provoca que pensemos que nos hemos equivocado y que la relación está destinada al fracaso. Pensamos: "Es cierto que el amor no es para siempre, fracasé y estoy condenado a ser infeliz con la persona que escogí para compartir el resto de mi vida".

En este punto, tenemos dos opciones: rendirnos, vivir con miedo y enojados con todo y con todos, o bien, poner manos a la obra para vivir de la forma más plena que hemos imaginado con nuestra pareja. Sentirnos fracasados es la consecuencia de pensar que no tenemos la fortaleza psicológica, emocional y espiritual para luchar por nuestra felicidad, pero debemos estar conscientes de que *la calidad de nuestra vida matrimonial responde a una pregunta: ¿Qué tan dispuesto estoy a lograr una relación plena con mi pareja?* La felicidad dentro y fuera del matrimonio, como todo, implica crecimiento. O crecemos, es decir, maduramos como individuos y como pareja o morimos, no hay otra opción. ¿Cuál será la decisión más acertada? Por supuesto que luchar, porque vale la pena hacerlo, porque somos personas decididas y emprendedoras.

Vivir y buscar la felicidad es una aventura diseñada solo para quienes tienen el coraje de asumir el riesgo.

Muchos estamos dispuestos a hacer lo necesario para lograr la vida y las relaciones que queremos, pero no sabemos por dónde empezar. Generalmente nos dicen que la base de una buena relación es la comunicación y la confianza; a veces nos dicen que debemos tener un amor ágape y amar a nuestra pareja a pesar del maltrato o la infelicidad; no falta quien asegure que "así es la vida", que el amor es una ilusión y que simplemente debemos aceptarlo. Cada postura tiene sus aciertos y aprendizajes, por lo que mi propuesta pretende aclarar el panorama para ayudar a las parejas, apoyándolas en su proceso particular con conceptos y herramientas que lograrán un impacto real en su relación, sin importar la etapa en la que se encuentren, qué problemas enfrenten o cuál sea su creencia religiosa. Mi intención es ofrecer una orientación práctica sobre lo que es recomendable hacer y cómo hacerlo, por lo que desde el inicio encontrarás conceptos teóricos y prácticos sobre cada tema.

Este libro te proporcionará claridad, entendimiento y resultados para mejorar las relaciones en tu vida. Principalmente te ayudará a descubrir cómo puedes comunicarte con tu pareja, tus hijos y las personas cercanas. Por lo que podrás hacer cambios positivos frente conflictos persistentes, al hacer cambios en ti.

A veces parece que mientras más intentamos arreglar nuestros conflictos, más se empeña la otra persona en volverse inmune a nuestros consejos y reacciones. ¿Cuántas veces nos hemos encontrado en la situación de dar más amor y comprensión y solo recibimos agresividad? Simplemente no entendemos por qué la otra persona reacciona así, y mientras más intentamos influenciarlo, menos resultados obtenemos. Lo irónico es que nuestras reacciones y expresiones de frustración fortalecen la actitud negativa del otro.

¿Qué podemos hacer? Lo primero que propongo para iniciar el cambio es comprender la dinámica de la relación y dejar de pensar que nuestra pareja no nos quiere o que no somos capaces de mantener los lazos que nos unen. Después, si queremos cambiar la conducta de otros, debemos empezar por cambiar la nuestra. Es importante hacer a un lado el pensamiento: "Yo estoy bien, tú estás mal", o bien: "En el momento que mi pareja entienda cómo son las cosas, seremos felices", pues exactamente ese es el modelo que hemos utilizado con pobres resultados.

En este libro evaluaremos y confrontaremos nuestros modelos y las creencias que podrían limitar nuestra interacción. Al mismo tiempo, descubriremos las oportunidades de cambio y crecimiento que seguramente revitalizarán nuestras relaciones. Mi deseo es ayudarte a que te conozcas profundamente y a conocer a quienes te rodean, para que puedas transformar tus relaciones, especialmente el vínculo con tu pareja. Incluso, si estás soltero, el conocimiento que adquirirás te ayudará a encontrar a la persona que quieres y mereces para compartir tu vida. Ya que la experiencia en coaching me ha demostrado que sin importar lo que hayamos alcanzado en la vida, simplemente no podemos ser felices si no disfrutamos de relaciones interpersonales satisfactorias.

Se suele decir que el conocimiento es poder. Yo creo que el conocimiento es poder potencial y que solo cuando aplicamos ese conocimiento a nuestra vida nos volvemos poderosos. Confío en que este libro te conducirá a través de un viaje de conocimiento y reencuentro personal y de pareja que te ayudará a lograr la relación plena y feliz que buscas.

INTRODUCCIÓN

Todos enfrentamos retos en nuestras relaciones. Sin importar si es nuestra esposa, hijos, parientes o socios, las relaciones tienen el poder de hacernos muy felices o intensamente miserables. Este libro explica cómo podemos comprender a nuestra pareja para crear vínculos sanos y fuertes que nos permitan vivir en armonía.

Lo que deseo es compartir información que será relevante para entender de forma sencilla y práctica las bases sobre las que se construyen las relaciones, sobre todo con la pareja. Todos podemos lograr la felicidad que anhelamos aunque no tengamos formación profesional en temas de psicología, dinámica humana, orientación matrimonial o coaching relacional. Solo es cuestión de proponérselo.

Para lograrlo, es fundamental comprender que hemos moldeado una forma de ver, entender e interactuar con quienes nos rodean, fundamentados principalmente en lo que hemos aprendido desde pequeños en nuestras relaciones cercanas. Tenemos como punto de partida nuestra personalidad y perspectivas únicas, con las que asumimos un rol en la vida. Sin embargo, cuando somos parte de algo más grande como una relación, integramos una nueva entidad que cobra vida por sí misma, ya que adquiere su propia personalidad y dinámica. Entonces, debemos asumir nuevos roles y adaptarnos para lograr la armonía.

Al hablar de relaciones, vale la pena recordar que aunque hemos sido influenciados por padres, maestros, amigos o religión, también es verdad que somos humanos con libre albedrío, por lo que somos capaces de tomar decisiones. Esta realidad permite que tomemos conciencia de la responsabilidad que adquirimos al escoger a las personas con quienes deseamos relacionarnos. A excepción de nuestros padres y hermanos, las relaciones no son algo que "nos sucede". Nosotros decidimos con quiénes deseamos estar y qué tipo de interacción queremos tener, lo que además, es una de las decisiones más importantes de nuestra vida. Así que toma el control de tus relaciones para ser feliz.

En el caso de la pareja, generalmente pensamos que la conocemos bastante bien, pero con el tiempo, creemos que ha cambiado, lo cual muy pocas veces es cierto. Lo que ha sucedido es que, según transcurren los años, nos damos cuenta de otros aspectos que no habíamos considerado o que pasamos por alto. Esta situación provoca pensamientos poco fundamentados como "me engañó" o "ha dejado de quererme", cuando lo que realmente ha pasado es que esa nueva circunstancia ha hecho tambalear el modelo de pareja que nos habíamos creado. Entonces, en vez de intentar comprender a la otra persona, luchamos, decepcionados o enojados, empeñados en que alcance el ideal que habíamos imaginado, lo que muchas veces afecta profundamente la relación, incluso ¡puede conducir a la ruptura!

No debemos olvidar que el tipo de relaciones que establecemos, en gran medida, nos definen como personas. Como seres humanos únicos e irrepetibles, necesitamos interactuar con los demás, crear vínculos y ser aceptados, de lo contrario, nos sentiríamos incomprendidos, poco amados, solos y abandonados. Podríamos decir que gran parte del sufrimiento que podemos experimentar proviene de la sensación de vacío que provoca la ausencia de relaciones fuertes y sanas. La intimidad que logramos con nuestra pareja, hijos, parientes, colaboradores y amigos nos fortalece, nos hace mejores personas, por eso es tan urgente que aprendamos a convivir. La falta de estas relaciones interpersonales nos conduce al aislamiento, al prejuicio, a la envidia o peor aún, al resentimiento.

El mundo nos enseña que debemos enfocarnos en el éxito material, trabajar por la eficiencia y concentrarnos en la utilidad de las cosas, lo cual nos va separando cada día más de la plenitud que nos acerca a las personas y a las emociones, que son lo que realmente nos proporciona la felicidad. Deseo que este libro te ayude a encontrar el equilibrio, para que desarrolles el valioso e insustituible arte de relacionarte con las personas.

Para lograrlo, no propongo nuevas teorías psicológicas ni expongo nuevos conceptos sobre la dinámica humana, ya que todo está dicho. Tampoco pretendo ofrecer un compendio teórico de las diversas escuelas psicológicas que muchas veces intentan explicar qué es una relación ideal, pero no dicen cómo lograrla. Mi principal objetivo es poner a tu alcance algunos conceptos prácticos que puedes incorporar a tu vida, conforme avances en la lectura. Este libro reúne las ideas, conocimiento, valores, estrategias y experiencias que he adquirido al trabajar con muchas personas y también de mis profesores. Algunos de mis referentes son el Dr. Milton Erickson, el Dr. Viktor Frankl, el Dr. Eric Berne, la Dra. Cloe Madanes y Tony Robbins, a través de su escuela de coaching. Sus diversos enfoques me han permitido entender las perspectivas de las relaciones y cómo cada una es capaz de mostrar una dimensión totalmente diferente de la persona, sin necesidad de encasillarla como "correcta o incorrecta". La idea es que, a través de conceptos, aplicaciones y ejemplos, paso a paso te comprendas mejor y a tus relaciones personales.

Mis propósitos al compartir este libro:

- Que deliberadamente tomes control de tu relación en vez de ser controlado por otros.

- Que reconozcas tu necesidad de desarrollar empatía para que puedas ser más justo y delicado en tus relaciones.
- Que obtengas mejor comprensión de las necesidades básicas de las personas con las que te relacionas, para que puedas entender el punto de vista de los demás, entender qué quieren realmente y cómo puedes ayudarlos a lograr la vida que desean.
- Promover la tolerancia, la compasión y el amor que se requiere para que vivas armoniosamente con tu familia y tu comunidad.
- Animarte a que intentes cosas diferentes para mejorar tu relación, teniendo en cuenta que una relación depende de dos personas, por lo que vale la pena definir si ambos están dispuestos a recorrer juntos la aventura de la vida.

El contenido del libro cierra con ejercicios prácticos para aplicar los conceptos aprendidos y lograr las relaciones que quieres y mereces. Recomiendo que ambos, tu pareja y tú, realicen los ejercicios y los compartan; ya verás que enriquecerán muchísimo la relación. Aunque no tengo ninguna duda de que este libro será de mucha ayuda, al final, todo depende de ti, estimado lector, por lo que te invito a que más que descubrir y conocer la dinámica de las relaciones, hagas los ejercicios y los apliques a tu vida desde este momento. Empieza por ti ¡ ya que la relación contigo mismo es la que más debes cuidar!

Con cariño y respeto,
Virgilio A. Cordón

CONTENIDO

Contenido

CAPÍTULO 1

El matrimonio: más que una institución

Sin importar nuestra religión o creencias, el matrimonio es más que una institución que debe mantenerse a flote. Seguramente conocemos personas que al hablar de relaciones dicen, como héroes de película: "Yo sigo casado", evidenciando que para ellos el matrimonio, como institución, pareciera ser más importante que vivir con una persona que se ama y con quien ha decidido ser feliz. La calidad de nuestra relación afecta directamente nuestra calidad de vida, y afecta poderosamente la calidad de vida de nuestros hijos, por lo que vale la pena comprometerse a edificarla. Si ambas personas tienen la voluntad de lograrlo, cualquier relación se puede restaurar y llevar a los niveles de pasión, romance e intimidad del inicio. El problema es que la mayoría consideramos que los altos estándares y requisitos no se aplican a nosotros sino a nuestra pareja.

Para empezar, debemos reconocer que los hombres no tenemos el mismo sistema operativo de las mujeres, por lo que muchas veces queremos trabajar para mejorar la relación, pero no sabemos cómo lograrlo. El hombre sabe ser cariñoso con sus hijos, sabe ser exitoso profesionalmente, pero a veces no sabe cómo consolidar su relación de pareja.

Hay personas que tienen todos los recursos afectivos, económicos y emocionales para ser felices, sin embargo, su vida es problemática en muchos sentidos. También hay personas que vivieron la peor infancia que uno pueda imaginar y aún así, son exitosas y compasivas. Así que las preguntas son: ¿Qué nos hace diferentes? ¿Por qué hay personas que evidencian patrones depresivos, de enojo, de falta de confianza en sí mismos, y otras personas tienen patrones de felicidad, de éxito, de confianza, de diversión, de buen manejo de las emociones? Las diferencias entre unos y otros se fundamentan en el desarrollo de nuestra personalidad, es decir, el temperamento y el carácter que se forma por modelos aprendidos, principalmente en nuestra familia y con las decisiones que hemos tomado. Si nos enseñaron que todo en la vida es un reto y que se puede lograr, así será nuestro modelo del mundo. Si nos enseñaron que la vida está llena de problemas y que por más que queramos no podremos ser felices, así será.

Los temas que expondré, son de sentido común, y seguramente dirás: "¡Ah! Eso es simple" o bien: "¡Yo sé todo esto!", pero una cosa es entender y otra cosa es saber. Si no lo estás haciendo… ¡no lo sabes! En todo caso, lo has entendido, pero si no lo pones en práctica, no cambiarás tu vida. Así que debes tomar conciencia de lo importante que es entender, saber y aplicar lo aprendido.

Exactamente, ¿qué es una relación de pareja?

Empecemos, entonces. A diferencia de la amistad, en la relación de pareja debe haber intimidad, lo que se entiende por amor y pasión. Solo estar juntos, en pareja, por los niños, por la conveniencia o por miedo no es el tipo de relación de la cual hablamos. Si buscas tener una relación increíble, debes basarla en emociones y decisiones compartidas, no en la lógica pura y dura.

Casarse es una decisión que implica emociones. Aceptamos unirnos para hacer feliz a nuestra pareja y a nosotros mismos hasta que la muerte nos separe porque el amor, la emoción provocó que tomáramos esa decisión trascendental. Cuando nos unimos a la otra persona no prometimos ser egoístas y soportarnos estoicamente el resto de la vida, sino que estábamos convencido de que el amor podría superar cualquier obstáculo. Te enamoraste porque viste en tu pareja muchas cualidades que te gustaron, pensabas en todas sus virtudes, lo magnífica que era, te arreglabas para las citas, llamabas a media noche sin razón y te alejabas de todo el mundo con tal de pasar tiempo juntos. ¿Cierto? Entonces, ¿por qué dejamos que todo esto quedara atrás?

A veces pensamos que la pasión y el enamoramiento son solo para la etapa inicial del matrimonio y que no se puede vivir enamorado, por lo que automáticamente bajamos las expectativas y entramos en una etapa de conformismo. Por supuesto que no hablo de ser idealistas y de imaginar que no existirán los problemas, ya que inevitablemente vendrán. Me refiero a que a podemos y debemos tomar la decisión de mantener el amor y la pasión a pesar de los problemas y los cambios de roles durante la relación, de lo contrario, seremos parte de la gran mayoría que "sobrevive" en sus relaciones y que se limita a cumplir con la responsabilidad de pareja, lo que poco a poco, casi imperceptiblemente pasa de "querer hacer" a "tener que hacer" algo, o bien seremos de los que desiste y rompe con la relación, cuando es posible evaluar la situación y buscar soluciones.

Entonces, podemos decir que la relación de pareja es una decisión que proviene de un pensamiento, el cual se convierte en una emoción que deriva en un compromiso que se refleja en nuestra conducta. Si pensamos que podemos tener una relación sana y feliz, crearemos las emociones necesarias y un compromiso acorde a dicho pensamiento y decisión. Si pensamos que no podemos ser felices, crearemos una emoción negativa que bloqueará el compromiso y la buena actitud necesarios para restaurar la relación.

¿Las relaciones se basan en emociones o en decisiones?

Al inicio de una relación formal, tomamos la decisión de compartir nuestra vida con otra persona, fundamentados en nuestros pensamientos y emociones y en cómo nos sentimos con la pareja. Sin embargo, si queremos cambiar nuestra relación, lo primero que debemos hacer es crear los pensamientos necesarios para poder cambiar nuestras emociones, de lo contrario, será realmente difícil lograrlo y habrá poca esperanza para la pareja. Como ya lo hemos visto, todo empieza con un pensamiento que crea una emoción positiva o negativa. La buena noticia es que dominar las emociones es fácil, pero no nos han enseñado cómo hacerlo. Además, vale la pena tomar en cuenta que dominarlas no significa ocultarlas o aparentarlas porque eso sería mentir; tampoco se trata de mantener pensamientos positivos o aprender ejercicios motivacionales que funcionan durante poco tiempo, lo importante es realmente de tener control sobre los pensamientos. El proceso que se da en nuestra mente y que se refleja en nuestra vida es:

Pensamiento>creencias>emociones>decisiones >conductas>hábitos> estilo de vida.

Así que para solucionar los problemas debemos darle la dimensión correcta y decidir actuar de acuerdo a lo que deseamos lograr, que en este caso sería alcanzar la felicidad en nuestro matrimonio y superar las dificultades.

El mandato número uno para lograr una relación exitosa es el mismo que para tener dominio propio: decidir sobre nuestras emociones al ver las cosas tal como son, no peor de lo que son, porque ser pesimistas es la actitud que generalmente se asume con pobres resultados. Cuando vemos que algo no funciona, a veces, percibimos el panorama peor de lo que realmente es y nos decepcionamos, por lo que evadimos la situación y no nos esforzamos por intentarlo de nuevo, por miedo al fracaso.

Muchos decimos: "Lo que pasa es que soy escéptico", "soy pesimista" o "soy realista". Pero la verdad es que no tenemos el valor de enfrentar los cambios. No se requiere ser valiente para ser pesimista, para decir qué no funcionará. Por lo tanto, además de tener pensamiento positivo, debemos desarrollar inteligencia emocional y ver las situaciones en su dimensión real. Si tenemos un problema de comunicación, debemos verlo tal como es, no dramatizarlo como si fuera imposible de resolver.

El segundo mandato para cambiar no solo en las relaciones, sino que nuestra vida es ver las cosas mejor de lo que son, luego de que las hemos visto objetivamente. Debemos tener una visión positiva, porque si una relación no tiene una visión más grande, simplemente no habrá motivación para trabajarla y caeremos en la frustración. Toda relación debe tener un futuro prometedor, de lo contrario, el presente puede ser más difícil de superar, lo que matará la motivación inicial.

El trabajo como pareja es precisamente ese: mostrar las cosas como son, pero también ser capaces de crear una visión entusiasta del futuro. Podemos tener una relación satisfactoria y quedarnos en ella si no tenemos la visión de que puede mejorar en algún aspecto como tener más intimidad y conexión con nuestra pareja, mejorar nuestro tiempo juntos y tener libertad de expresar lo que sentimos, llevar la confianza a otro nivel o desarrollar una mejor relación con los hijos, por ejemplo. Puedo asegurarles que siempre hay algo qué mejorar, ya que pensar que tenemos una relación perfecta es solo un espejismo. Esto se aplica más aún si la pareja enfrenta y desea superar un conflicto.

El tercer mandato a tomar en cuenta si queremos mejorar nuestra vida o nuestra relación es hacer que las cosas sucedan. Saber lo que necesitamos no basta, debemos trabajar para que nuestra visión se haga realidad, por lo que es determinante saber qué debemos mejorar y cómo podemos hacerlo, que dicho sea de paso, debe ser lo más claro y sencillo posible. Por ejemplo, si nos damos cuenta de que estamos perdiendo la conexión o la intimidad, es necesario buscar más espacios para compartir, promoverlos, esforzarnos por lograrlo, establecer pequeñas acciones como definir una cita a la semana. Algunas personas creen que una relación basada en el amor no requiere trabajo, como si todo debiera ser espontáneo, pero en lo personal, no conozco nada que no requiera esfuerzo, ¿acaso no te esfuerzas para tener salud o dinero? De la misma forma, debes empeñarte en construir tu vida afectiva al lado de quienes amas y te aman.

Cuando entendemos que todo proviene de un pensamiento que nos crea una emoción, podemos entender que si no pensamos en un futuro mejor, será muy difícil lograr los cambios que queremos. ¿Cómo sería una pareja que tiene una visión de futuro mejor que la actual? ¿Cómo sería una relación en la que todo lo que haces, sientes y piensas es mejor que antes?... ¡Exacto!, tus respuestas son correctas: disfrutaríamos de una relación más satisfactoria y estaríamos más motivados. Desarrollar inteligencia emocional, es decir empatía, tolerancia, comunicación abierta y confianza es elemental en cualquier relación, porque evitará que veamos las cosas peor de lo que son o nos enfoquemos solo en lo malo, cuando vale la pena ver todo lo positivo que podemos hacer crecer y cultivar. Todo depende de cómo visualicemos nuestro futuro.

Finalmente, para tener una buena relación debemos vernos como actores dentro de esta, no como espectadores de lo que otros hacen. Es frecuente escuchar la queja: "Él hace esto", "ella hace lo otro", sin darse cuenta de que esas quejas revelan que ellos se ven desde afuera y que todas las expectativas recaen en la otra persona, como si la relación dependiera de lo que el otro hace o deja de hacer, cuando en realidad la construyen ambos. Si nos enfocamos en lo que no estamos obteniendo, simplemente ¡no hay relación! Lo que hay es una búsqueda de intercambio en donde estamos dispuestos a dar si recibimos, y nos olvidamos de que esa persona es nuestra pareja, no un socio. Así que debemos recordar que cuando amamos a alguien, no 'llevamos la cuenta' de lo que damos; cuando amamos a alguien somos capaces de darlo todo porque ese simple hecho nos da satisfacción y porque estamos convencidos de que recibiremos ese mismo amor.

Tal vez en este momento estás pensando que suena interesante la propuesta de comprometerse en función de cambiar de forma de pensar y ser dueños de nuestras emociones, pero realmente no sabes cómo se logra esto. Así que te comparto una propuesta.

Está demostrado que la base de nuestra buena condición emocional es la energía física. Si estamos cansados porque trabajamos todo el día, y dedicamos los fines de semana a intereses personales o amigos, entonces, ¿cómo se supone que tendremos pasión en la relación? A menos que busquemos un balance en nuestro patrón de vida actual, será difícil que tengamos el nivel de energía necesario para nuestra pareja. Podremos tener empatía, pero eso no cambia a las personas, podremos hacerlas sentir entendidas, pero eso no las transformará. Solo con la energía personal dedicada a la pareja podemos ser proactivos, impulsar el cambio y hacer crecer la relación.

En cualquier circunstancia de la vida debemos ser proactivos. En el trabajo, si no tomamos la iniciativa, estamos fuera del negocio. Si esperamos que alguien nos diga qué hacer, nos irá muy mal; lo mismo sucede en nuestras relaciones. Si queremos lograr algo, ¡tenemos que actuar proactivamente!, no podemos tener la relación deseada si no trabajamos como pareja.

Las emociones, como todo en la vida necesitan crecer y madurar, de lo contrario, se mueren. Lo que hace felices a las personas es el crecimiento personal y de relaciones, no el logro de objetivos externos. La felicidad proviene exclusivamente de la satisfacción interna, de alcanzar la plenitud y compartirla con otras personas en intimidad. Durante mi vida profesional he conocido a personas con mucha fortuna, pero tristemente infelices ya que para alcanzar el éxito han debido hacer a un lado a la fuente que provee dicha felicidad: la esposa, los hijos, los amigos, la conexión humana de calidad.

Entonces, para ser felices, debemos influir en nuestras emociones y estar conscientes de que nosotros las creamos y las cultivamos, no son algo que nos pasa inadvertidamente. Además, esas emociones nos provocan sentimientos, que a su vez desarrollan creencias que convertimos en actitudes y en acciones que definen nuestra conducta. Cuando conocemos a alguien que nos parece interesante, desarrollamos una emoción que puede convertirse en sentimiento si trasciende en el tiempo. Dicho sentimiento provoca la creencia de que esa persona puede ser el amor de nuestra vida y tomamos una actitud de apertura y disposición hacia ella, lo cual nos produce comportamientos específicos como abrir nuestro corazón, enamorarnos, aumentar el nivel de confianza e intimidad, etcétera. Así es como vamos estableciendo vínculos que luego hay que fortalecer y cuidar.

Si queremos romper los patrones de conducta negativa que nos impiden pasar de las emociones a los sentimientos y compromisos que trascienden, debemos estimular nuestra capacidad de crecer, y para crecer tenemos que ser como esos niños que con proactividad y energía intentan cosas nuevas; si fracasan, se levantan sin pensarlo y lo intentan de nuevo, de forma diferente. Los adultos dejamos de intentar las cosas porque le tenemos miedo al fracaso, justificándonos como realistas. Los niños tienen altas expectativas de sí mismos, mientras los adultos tenemos bajas expectativas de nosotros mismos y como consecuencia, también de nuestras relaciones, ya que atribuimos la responsabilidad a los demás. A diferencia del niño, no cambiaremos hasta que descubramos que nuestras expectativas sobre lo que podemos lograr en nuestras relaciones son pobres porque no nos hacemos responsables de lo que podemos alcanzar.

En las relaciones todo empieza con una emoción que nosotros provocamos y aceptamos. No somos víctimas de estas, ni nos toman como rehenes sin querer. Las personas que siempre están enojadas es porque así lo han decidido. Quienes desconfían o confían es porque en algún momento de su vida han tomado una decisión vital para sobrevivir y asumen esa postura. De hecho, vivir emocionalmente derrotados es algo tan arraigado en nuestra cultura que entendemos y sentimos empatía por alguien que está triste, pero si alguien está alegre, necesitamos saber la razón de su felicidad. Nos permitimos sentir tristeza sin motivo, pero no somos capaces de alegrarnos sin una razón aparente, y en una relación esto es determinante porque sin el control de la emociones, está condenada al fracaso. No permitas que tu relación se hunda en la tristeza, frustración o apatía, levanta el ánimo, busca sonreír y hacer sonreír a tu pareja, esa es una excelente forma de amar, de abrir espacios de comunicación y de solucionar conflictos. Si crees que es imposible porque no eres de ese tipo de personas, quizá es hora de que descubras que nunca es tarde para cambiar, quizá esa decisión que tomaste en un momento determinado de tu pasado para poder sobrevivir emocionalmente ya no es necesaria. Si en casa de alguna forma reprimían tus emociones, seguramente decidiste que era mejor no expresar lo que sentías para evitar conflicto, pero ahora que eres una persona adulta e independiente de tus padres, quizá es el momento de cambiar esas decisiones clave, vivir y expresar todas las emociones para mejorar tu autoestima y vivir relaciones más sanas, sin huir o sentirte amenazado. ¡Vale la pena intentarlo!

Pero es que... ¡yo no puedo cambiar!

Por supuesto que puedes, pero debemos descubrir cómo hacerlo. La forma más eficiente de cambiar nuestra conducta, pero la menos usada, es la fisiológica, ya que el 55% de nuestra comunicación es corporal, es decir, con nuestros gestos y presentación personal. La postura, cómo vemos a los demás, la posición de nuestros brazos, nuestra forma de vestir, todo comunica. Por ejemplo, cuando estamos tristes, usualmente tenemos los hombros bajos y la mirada distante, hablamos despacio y con poco volumen, caminamos lento. Pero si cambiamos a una posición erguida, con los hombros hacia atrás y sacando el pecho, si levantamos la cabeza, con la mirada en alto, si hablamos animadamente y con el volumen correcto, y si caminamos sin arrastrar los pies, veremos un cambio inmediato en nuestra actitud. No me creas, ¡pruébalo y te sorprenderás!

La segunda forma de cambiar nuestra conducta se basa en nuestro enfoque. Lo que sentimos se define por nuestra perspectiva de la vida. Si nos enfocamos en recuerdos tristes nos pondremos tristes; si nos enfocamos en recuerdos agradables nos pondremos felices. Veamos un ejemplo: si quedaste en reunirte con tu pareja a las 7:00 pm, pero son las 8:30 pm y no aparece, ¿cómo te sientes? Quizá enojado o preocupado, ya que el enfoque que le das a la situación determina tu reacción. Es por ello que reconocer y cambiar nuestro enfoque negativo es crítico para renovar nuestras relaciones. Es mejor enfocarse en las oportunidades que en las limitaciones, en las virtudes que en los defectos y en las posibles soluciones que en las dificultades supuestamente imposibles de superar.

La tercer forma de cambiar nuestra conducta es con el uso de las palabras, ya que son reflejo de nuestras emociones. Las palabras que usamos para describir algo, con el tiempo, se convierten en una experiencia. No es lo mismo decirle a alguien: "Estás equivocado", a decirle: "Estás confundido", o decirle: "Estás mintiendo". Las palabras que usamos causan impacto y reacción en las personas y son tan poderosas en nuestra mente que producen lo que se conoce como escotoma, un punto ciego que no nos permite ver con objetividad porque verbalmente estamos negándolo. Las personas podemos auto hipnotizarnos para no ver lo que no queremos, debido a los patrones de lenguaje que usamos, y eso suele pasar a menudo en las relaciones. Por ejemplo, si constantemente le decimos a nuestra pareja: "Nunca cambiarás" o "Esto no tiene solución", con el tiempo nosotros terminaremos creyéndolo y nuestra pareja también, aunque no sea cierto.

Al pensar también usamos palabras aunque no las digamos, y lo hacemos todo el tiempo cuando nos planteamos preguntas y respuestas que no expresamos. Ese ejercicio mental puede ser peligroso si no socializamos nuestras preguntas y respuestas y nos quedamos con la idea equivocada. Por ejemplo, si piensas: "¿Cómo es posible que no baje de peso?" La respuesta automática que te dará la mente es: "¡Por que no puedes!", cuando realmente debes programarte para que las palabras que piensas proyecten ideas exitosas, ya que condicionan tu actitud y tus resultados. Por lo tanto, es muy importante que cuides tu diálogo interno. En las relaciones, tener un diálogo interno positivo es determinante. Si pensamos: "Es imposible que salgamos de esta situación", "Soy incapaz de satisfacer las necesidades de mi pareja" o "Mi pareja no aceptará las soluciones que le propongo", simplemente nos saboteamos y nos incapacitamos para lograr una mejor relación. ¿Por qué limitarnos de esa forma cuando podemos hacer una gran diferencia al pensar positivamente?

Entonces, si las relaciones provienen de los sentimientos que surgen de las emociones, y las emociones provienen del significado que le damos a las situaciones, y ese significado se origina en nuestra forma de pensar, la ruta para cambiar y mejorar una relación es pensar y hacer algo nuevo que la reinvente. Aunque es algo sencillo de hacer, muchas parejas no lo intentan porque consideran que los cambios son responsabilidad de la otra persona o porque tienen miedo a fracasar. Así que debemos cambiar la forma de llevar nuestra relación primordialmente cambiando nuestra forma de pensar.

> Lo que hace que una pareja funcione es satisfacer la necesidad de seguridad. Lo que hace que una pareja funcione y además tenga pasión es la variedad.

Para entender las relaciones se debe usar el corazón, no la razón. Te preguntarás ¿Cómo se hace eso? La recomendación es realmente sencilla: Debes poner siempre a tu pareja en primer lugar. En cualquier relación donde encontramos amor y pasión veremos que las personas le dan prioridad a su pareja, no a ellos. Algunos podremos pensar: "¡No voy a hacer eso! Ya lo hice una vez y no funcionó", pero si queremos lograr relaciones exitosas, debemos intentarlo. Recordemos cuando empezó nuestra relación, ¿cuál era nuestra posición?, ¿quién era nuestra prioridad?, ¿nuestra pareja o nosotros?, ¿qué estuvimos dispuestos a dar?, ¿qué recibimos a cambio?, ¿cuántas veces intentamos enamorar a nuestra pareja? Seguramente hubo muchas cosas que valoramos en ella, de lo contrario no nos hubiéramos casado, ¿cierto? ¿Por qué no luchar por recuperar esa maravillosa relación, tal como era al inicio?

Algunos pensamos que la atracción, el enamoramiento y la pasión se van apagando poco a poco, pero el paso del tiempo no tiene nada que ver, ya que dicho decaimiento se relaciona única y exclusivamente con nuestro cambio de actitud, lo que hace que perdamos la conexión original.

Por lo tanto, debemos esforzarnos en darle a nuestra pareja lo que realmente necesita. Algunos podrían decir: "¡Yo le he dado todo!" y posiblemente así sea, pero el problema es que tu pareja no quiere que le des todo, sino aquello que necesita real e incondicionalmente. Puede ser que tu pareja simplemente necesite seguridad o conexión o variedad, pero es justo lo que no te has enfocado en darle porque no lo sabes con certeza. Así que descubrir esas necesidades es primordial, como veremos más adelante. Con esto no quiero decir que debemos aceptar una relación abusiva o dependiente, ni mucho menos, ya que todo tiene su límite y se deben lograr acuerdos respecto a lo que es posible dar y recibir. Además, si lograron la conexión como para comprometerse, es seguro que puedes satisfacer sus necesidades, lo único que hace falta es llegar al siguiente nivel de entendimiento para alcanzar un nuevo nivel de satisfacción. Para que esto pueda ser una realidad, debemos dejar a un lado el miedo que nos paraliza y nos impide intentar algo diferente.

Como hemos visto, las relaciones de pareja son vitales para el desarrollo emocional de cualquier persona y para ello, se requiere que visualicemos nuestro matrimonio como algo más que una institución y busquemos la intimidad que merecemos: feliz y abierta a la comunicación que permite la confianza. Es el momento de dejar de pensar que "así son todas las relaciones", o que tarde o temprano "el amor se enfría y debemos conformarnos". Si estás leyendo este libro es porque no eres conformista y sabes, en tu corazón, que puedes y debes alcanzar la plenitud con tu pareja.

CAPÍTULO 2

¿Qué sabemos acerca de las relaciones?

Por naturaleza somos seres sociales, por lo tanto, muy pocas cosas en la vida nos proporcionan un sentimiento de plenitud como saber que pertenecemos a un grupo, que somos "nosotros" y no solo un "yo". Hay muchas formas de relaciones que nos permiten experimentar estos sentimientos de satisfacción: la pareja, los padres, los hijos, los amigos, los compañeros de trabajo, los vecinos, etc. Si dichas relaciones son sanas y permanentes, nos brindan mucho gozo.

De hecho, cuando somos pequeños, se nos enseña sobre relaciones perfectas de cuentos de hadas o películas en las que hay un "príncipe azul" para cada "princesa", lo cual nos crea expectativas incorrectas, especialmente en el matrimonio. No hay relaciones perfectas, es más, usualmente son complicadas. Y es precisamente el manejar esta complejidad lo que nos permite tener una relación profunda y apasionada que nos edifica y alegra la vida, o bien, provoca que tengamos una relación negativa que nos provoca tristeza, dolor o cólera. Todo depende de cómo enfrentemos el reto, de nuestro pensamiento positivo, de hacer simple lo complejo, en función de buscar la felicidad en pareja. Así que algo determinante que debemos saber acerca de las relaciones es que nosotros tenemos el poder de lograr que sean satisfactorias sin importar cual sea nuestra situación actual.

Las etapas del matrimonio y nuestras expectativas

Otra idea que nos han enseñado desde pequeños es que "el amor acaba", que con el tiempo la relación "muere naturalmente", que el enamoramiento y la pasión quedan atrás con el tiempo y que no podemos recuperarlo. Por supuesto que el amor cambia y por supuesto que hay etapas importantes que transforman el sistema como la venida de los hijos, pero eso es muy diferente a aceptar que los cambios que nos deberían de llevar a una nueva etapa de crecimiento tenga como costo la pérdida del amor inicial. Algunos autores nos explican a grandes rasgos las etapas de la relación matrimonial y qué implica cada una.

Incluso, unas etapas se describen negativamente:

1. Noviazgo, cuando la pareja se conoce. Hay ilusión, romance y pasión.
2. El matrimonio, cuando teóricamente termina el enamoramiento y se enfrenta un proceso de ajuste que toma dos años.
3. El matrimonio con hijos, etapa que gradualmente separa a la pareja porque ahora los hijos son lo más importante y ambas partes se sienten relegadas.
4. La etapa del matrimonio maduro, en la que la mayoría de parejas se "conforma" con el otro, o bien hay un punto de quiebre y se separan. Pocos continúan siendo felices.
5. La etapa del nido vacío, cuando los hijos han crecido y se independizan, toman la vida en sus manos y se

van de casa. Es el momento cuando la pareja intenta reencontrarse después de tantos años de atender a la familia.

6. Finalmente, la etapa del retiro, cuando prácticamente, si no se han divorciado, se resignan a vivir con su pareja hasta que muera. Hay muchas versiones de las etapas de la vida, unas más extensas y otras más cortas, pero básicamente dicen lo mismo.

En lo personal, considero que tener una buena relación, sin importar con quién, es uno de los mejores regalos que podemos recibir y construir en la vida, y no hay razón por la que debamos conformarnos con algo menos que lo mejor. Muchas veces, los problemas en las relaciones se deben a la falta de flexibilidad y ajuste de la pareja al pasar de una etapa a otra, sin embargo, debemos entender que estos cambios son inevitables.

Otra creencia fuertemente enraizada en nuestra cultura, es que debemos mantenernos dentro del matrimonio aunque seamos infelices, por "el qué dirán", por miedo, por creencias religiosas, porque así son todos los matrimonios o incluso, por la comodidad, pero la verdad es que no debemos conformarnos, sino trabajar unidos porque la relación sea maravillosa, supere sus limitaciones y alcance la plenitud. ¿Es posible lograrlo? ¡Claro que sí! Veamos estas expresiones:

"No soy feliz, pero el matrimonio es para toda la vida".
-Por ser para toda la vida, ¿no crees que vale la pena esforzarse por mejorarlo?

"No soy feliz, pero esa es la cruz que Dios me dio".
-No conozco a un padre o madre que quiera ver infeliz a

su hijo, ¿por qué pensamos que Dios quiere que seamos infelices?

"No soy feliz, pero tengo que aguantar por mis hijos".
-¿No crees que si tus hijos ven tu ejemplo de autoestima y respeto, y aprenden de ti que el amor y las relaciones requieren cuidado diario, que los problemas en la pareja son naturales y que lo importante es salir triunfante les darás el mejor ejemplo que puedan tener para sus futuras relaciones?

"No soy feliz, pero debo aguantar el maltrato porque no tengo dinero".
-Quizá no tengas dinero, pero tienes todos los talentos necesarios para ser una persona productiva y sobre todo, mereces ser feliz, para esto hemos venido al mundo. No hay dinero que compre la felicidad de una persona, como tampoco hay dinero que pague la autoestima, el amor y el respeto que nos debemos. El maltrato no debe ser tolerado bajo ningún punto de vista, nunca y por nadie. Todo en la vida tiene límites y es nuestra responsabilidad reconocerlos y aceptarlos. Si no nos damos a respetar y a querer... ¿cómo podemos esperar que lo hagan por nosotros?

Muchas de nuestras quejas sobre la relación de pareja son: "¿Por qué no me entiende? ¿Por qué no me hace sentir amada? ¿Por qué dejamos de querernos? ¿Por qué he permitido el abuso o la dominación de la persona que dice amarme? ¿Por qué perdimos la pasión del inicio? ¿Por qué hace cosas que me lastiman o me ofenden?" Estas preguntas usualmente se enfocan en la consecuencia del problema y no en la causa, lo que provoca que nos sintamos en un camino sin salida. Por lo tanto, el primer paso para transformar una relación disfuncional es cambiar nuestro enfoque, es ver por debajo del problema obvio y enfocarse en la necesidad insatisfecha. Por ejemplo, si al empezar nuestra relación cambiamos el enfoque de amarnos y cuidarnos por el de ser exitosos profesionalmente o hacer dinero, nuestro problema no será el deseo de crecer económicamente, el problema será que nos hemos enfocado solamente en eso, dejando a un lado el cuidado que requiere nuestra relación. Llegamos tan cansados a casa que perdemos la comunicación que nutre la relación, y en lugar de poner las prioridades en orden, discutimos sobre las consecuencias del abandono.

Por otro lado, es natural que veamos el problema desde nuestra perspectiva que puede ser diferente de la realidad, por lo tanto, tendemos a culpar al otro de lo que sucede en la relación, cuando lo recomendable es hacer un esfuerzo por tomar en cuenta el otro ángulo y dialogar:

- "Si mi esposo no fuera tan intransigente en su forma de pensar, podríamos comunicarnos mejor".
- "Si mi esposa fuera menos sentimental y más práctica, todo sería más sencillo".
- "Quiere que haga todo como a él le gusta, se le olvida que yo no soy su mamá".
- "Ella critica todo lo que hago… yo nunca soy suficientemente bueno".

Una creencia común es que la situación que vivimos es responsabilidad del otro y que la relación mejoraría si tan solo cambiara su actitud. Aunque lo neguemos, sabemos que la relación proviene de la interacción de nuestras conductas y de la reacción que provocan. La respuesta negativa que brindemos inevitablemente provocará otra respuesta similar. Si nuestra pareja llega tarde a una cita y en lugar de preguntarle qué le pasó, la criticamos, será muy difícil que se disculpe si fue algo que estuvo fuera de su control, por lo que su reacción tenderá a devolver la agresión. Al tomar conciencia de esta dinámica, tenemos mejores posibilidades de evitar conflictos y resolver los existentes porque asumimos nuestra parte de responsabilidad, por lo que ya no nos visualizamos como víctimas sino como protagonistas, capaces de asumir una actitud que beneficie la relación.

Las supuestas diferencias entre el hombre y la mujer

Hasta hace algún tiempo, la diferencia entre hombre y mujer, además de lo puramente biológico-reproductivo, se limitaba a enfatizar que el hombre es más impetuoso en la búsqueda de reconocimiento, retos, logros y recompensas. En el caso de la mujer, se le identifica como más artística, emocional, creativa y abstracta.

Estas diferencias se relacionan con el hecho de que ancestralmente, los hombres salían de sus cuevas a cazar el alimento y luchaban por la sobrevivencia de su familia, mientras las mujeres se quedaban en casa para cuidar, alimentar y proteger a la prole. Estas concepciones se mantuvieron durante muchos años, creando clichés como:

- "Los hombres son fuertes y las mujeres son débiles".
- "Los hombres son cazadores y las mujeres son cuidadoras".
- "Los hombres son cerebrales y las mujeres son emocionales".

Esto se fue degenerando hasta constituirse en el famoso machismo que prácticamente otorga todos los derechos a los hombres y todas las obligaciones a las mujeres. Lo que provocó que en ciertas culturas del mundo, las mujeres no fueran más que una sombra de sus esposos, sin derecho a estudiar, opinar, votar, trabajar o superarse. El hombre tenía un permiso tácito para ser mujeriego, borracho, etc., mientras que la mujer podía fácilmente ser calificada como "una cualquiera", si hubiese tenido la misma conducta.

Incluso en algunas etnias, es prohibido que la mujer camine al lado de su esposo, ya que siendo inferior, debe ir detrás de él, además de aceptar maltrato, incluso la violencia física, porque el papel del varón es superior. Afortunadamente esto ha ido cambiando con el tiempo, y las mujeres han demostrado cada vez más su capacidad para destacarse prácticamente en cualquier ámbito social, político o laboral. Conozco y admiro a muchas mujeres que han sido abandonadas por su esposo y que han salido adelante con la responsabilidad de sus hijos, su economía y su profesión, demostrando ser más valientes, fuertes e inteligentes que muchos varones. De hecho, en la actualidad hay más mujeres que hombres graduándose de las universidades, más mujeres ocupando puestos directivos en las empresas, e incluso mujeres que son presidentes de su país, ¡algo impensable hace unos años!

Las diferencias reales entre el hombre y la mujer

La neurociencia ha comprobado que el cerebro del hombre y de la mujer funcionan muy diferente, y no tener en cuenta este hecho provoca muchos problemas con la pareja. Así que concentrémonos en comprender un poco más las diferencias que efectivamente existen entre hombres y mujeres a nivel de dinámica humana.

Es cierto que el hombre tiende a ser más racional, lógico, matemático y secuencial; mientras la mujer tiende a ser más emocional, intuitiva, artística y relacional. Esto se debe a que en el hombre predomina el uso del hemisferio izquierdo del cerebro, entonces necesita "entender las cosas y encontrar la respuesta", usa la lógica como sistema operativo. Por eso, prefiere tratar un tema a la vez, porque de esa forma logra analizarlo y resolverlo.

La mujer, frente al estrés, necesita compañía y que se le escuche. El hombre necesita estar solo para encontrar soluciones.

En la mujer, el hemisferio que predomina es el derecho, por lo que necesita "sentir las cosas y relacionarlas con otras", usa la emoción como sistema operativo. Además, las mujeres no siempre buscan la solución, por lo que son capaces de tener varios temas en su cabeza e interrelacionarlo todo.

La mujer requiere tiempo para relacionar las cosas hasta integrarlas a su mundo. El hombre requiere tiempo para pensar las cosas hasta darles forma.

Ahora podemos deducir lo siguiente: El hombre, por ser menos emocional, necesita expresar menos las cosas, por lo tanto… habla menos. La mujer, por ser más emocional, necesita expresar las cosas, por lo tanto… habla más. ¡Así de sencillo! Las mujeres no deben pensar que su esposo no les habla porque no las ama, simplemente actúa según su naturaleza.

El hombre necesita de espacio y tiempo para procesar las cosas, por lo que se aísla cuando tiene problemas. No quiere compartirlos con los demás, quiere encontrar la solución. Entonces, la esposa puede pensar que él no la aprecia ni la toma en cuenta porque no le comparte sus problemas, mientras el esposo piensa:

"No la quiero preocupar con mis asuntos, yo soy capaz de resolverlos sin angustiarla".

Él necesita que lo dejes solo para
demostrarse que puede vencer el reto.

La mujer, al contrario, requiere compartir sus problemas porque de esa forma les encuentra sentido, puede interrelacionarlos y sentirse acompañada. El esposo puede pensar que ella es egoísta porque cree que solo sus problemas son importantes, mientras ella piensa: "Quiero que sepa lo que me pasa porque su opinión es importante en mi vida".

Ella necesita que la acompañes, que
le des apoyo y comprensión.

El hombre, como ya hemos visto, tiene un sistema operativo muy simple; somos como las primeras computadoras que se crearon, nuestra tarjeta de memoria tiene poco espacio, nuestra pantalla es blanco y negro, no tenemos equipos periféricos, ni conexión a internet para establecer contacto con otros. Por lo que solo podemos evaluar un problema, escuchar algo y hacer una cosa a la vez. Mujeres: no las ignoramos ni nos hacemos los desentendidos, de verdad, no escuchamos si nos hablan cuando estamos leyendo o viendo TV. En cambio las mujeres, son como una súper computadora que tiene integrado varios dispositivos de DVD, memoria RAM con suficiente capacidad de almacenamiento, tarjeta de video, sonido y conexión a internet. Por lo tanto, son capaces de hablar por teléfono, cocinar y cuidar a los niños, mientras hablan con su esposo.

Ante estas evidencias, no hay posiciones correctas e incorrectas en las relaciones, simplemente son diferentes y complementarias.

Ahora quizá sea más sencillo entender por qué una simple plática en la noche, mientras cenamos, se puede convertir en un problema.

Los hombres debemos comprender que nuestra esposa, muchas veces, solo quiere que la escuchemos y compartirnos lo que siente, así que simplemente debemos ponerle atención y expresarle que estamos a su lado para apoyarla por si necesita soluciones. Para ella, que escuchemos la historia con todos los detalles y estemos dispuestos a compartir sus emociones es la mejor forma de demostrarle que la amamos.

Las mujeres deben comprender que su esposo siempre trata de darle una respuesta para los problemas, porque la forma de demostrar su amor es solucionarles la vida. Así que no te enojes si él quiere ir al grano lo antes posible y se niega a escuchar toda la historia, ya que en su cabeza solo hay una cosa: "Mi función es entender el problema y ayudarla a resolverlo". Aprendamos a convivir tomando en cuenta estas diferencias y apreciemos a nuestra pareja, intentando encontrar un punto de equilibrio que satisfaga las necesidades de ambos.

Las tres decisiones inconscientes en la relación

Constante e inconscientemente tomamos tres tipos de decisiones todos los días y en cualquier circunstancia:

1. ¿En qué nos enfocamos?
2. ¿Qué significado le damos a eso que atendemos?
3. ¿Qué actitud tomamos al respecto?

Por supuesto, en las relaciones también tomamos estas decisiones, lo que se refleja en las diversas posturas que asumimos como hombres o como mujeres. No saberlo o no recordarlo, nos hace creer que nuestra pareja está "en contra de todo lo que decimos o hacemos", cuando en realidad, su sistema operativo funciona de forma diferente. Pero el problema no queda allí, más bien se agrava cuando uno de los dos intenta convencer de que su forma de ver las cosas es la correcta, lo que significa: "Tú estás equivocado". Es como si pusieras una moneda frente a los ojos de tu pareja y le preguntaras: "¿Qué ves?" Obviamente lo que ve es diferente a lo que tú ves, uno verá la cara y el otro verá la cruz. ¿Quién tiene la razón? ¡Los dos! Es por ello que intentar ganar en estas situaciones no tiene sentido, no puede haber un ganador y un perdedor, ¡simplemente porque los dos tienen la razón! Entonces hay que cambiar de enfoque, olvidarse de ganar la pelea porque no se trata de que alguien sea vencedor, sino concentrarse en exponer la situación, analizarla y buscar satisfacción mutua. ¿De qué sirve tener la razón si la relación se pierde? ¿Qué es más importante, mantener nuestra posición sin retroceder o abrir espacios para lograr una relación armoniosa con la persona que nos interesa? Si volvemos a lo que expusimos al inicio y reflexionamos respecto a la necesidad de relacionarnos, parece que lo más inteligente es focalizar nuestra energía en lograr acuerdos para ser felices en pareja.

Veamos el siguiente ejemplo. Una pareja decide empezar la búsqueda de una casa para vivir:

Enfoque

Esposa: Esta casa me encanta, es grande y acogedora a la vez.
Esposo: Es demasiado cara, no podemos pagarla.

Significado

Esposa: Pero ¡es la casa que siempre soñé!
Esposo: Tú siempre piensas en tus sueños y no en la realidad.

Actitud

Esposa: ¡Lo que pasa es que no te importa lo que yo quiero!

Esposo: ¡Y tú nunca consideras lo que yo trabajo para poder vivir como lo hacemos!

El resultado de esta conversación es muy similar a cualquier otra: confrontación. Si hiciéramos a un lado nuestra perspectiva y tratáramos de darle un enfoque, significado y actitud común a las situaciones, eliminaríamos muchos problemas en nuestra relación. Sin embargo, el conflicto se vuelve mayor cuando pensamos que la forma de ver las cosas o el comportamiento de la otra persona se debe a la falta de interés o amor, en lugar de verlo como es: simplemente tiene una perspectiva diferente de la situación. La incapacidad para reconocer esta gran diferencia nos provoca mucho resentimiento, lo cual será motivo de dificultades mayores.

Veamos de nuevo el mismo caso:

Enfoque

Esposa: Esta casa me encanta, es grande y acogedora a la vez. ¿Crees que podríamos comprarla? (reconoce que su pareja también tiene poder de decisión).

Esposo: Entiendo lo que dices y es una buena opción, pero creo que está fuera de nuestro presupuesto, tendríamos que evaluarlo (reconoce que para ella es importante una casa grande y acogedora y muestra su posición).

Significado

Esposa: Tienes razón, cuesta más de lo que habíamos pensado, pero quizá podamos hacer un esfuerzo extra y evaluarlo (reconoce la posición del esposo y entiende que no se trata solo de satisfacer sus deseos).

Esposo: Ok, sé que para ti es importante, evaluemos qué tanto tendríamos que sacrificar y veamos si es factible un esfuerzo económico adicional (reconoce que para ella es importante y está abierto a evaluarlo).

Actitud

Esposa: Gracias por considerarlo, para mi sería muy importante, pero entiendo que tenemos que ser realistas y decidirnos por la mejor opción que podamos pagar (agradece y muestra solidaridad con el esfuerzo del esposo).

Esposo: Tú sabes que quiero lo mejor para la familia y estoy claro en que debemos tener lo mejor para nosotros. Déjame hacer números, veamos si es factible y decidamos juntos (considera la posición de su esposa, le afirma que quiere lo mejor para su familia y le ofrece analizarlo objetivamente).

Como vimos, realmente no es tan difícil demostrar que estamos abiertos a comprender el enfoque y perspectiva de nuestra pareja. ¡Lograrlo es cuestión de práctica!

Pero ¡he intentado varias veces y no funciona!

El psicólogo Sigmund Freud observó una conducta a la que llamó "repetición compulsiva". Esta conducta significa que tendemos a hacer una y otra vez las cosas, aunque no obtengamos el resultado deseado. Esto me recuerda a una compañera de colegio guapa, inteligente y responsable que siempre tenía problemas en sus noviazgos ya que se enamoraba de un muchacho y al tiempo lo dejaba porque la trataba mal o no tenía detalles con ella. Con el tiempo, iniciaba otra relación con los mismos resultados. Finalmente, ya pasados sus treinta años, se casó con un hombre del cual se divorció en menos de dos años. Su conclusión era: "Todos los hombres son iguales, todos los hombres son malos, no vale la pena". Su enfoque no le dejaba ver que el problema no eran los hombres sino el sistema de elección que ella utilizaba, ya que inconscientemente, buscaba hombres que tarde o temprano la decepcionarían, lo que le permitía comprobar su teoría. Es importante señalar que había crecido en el seno de una familia desintegrada y que vivía con su mamá alcohólica, lo cual explica gran parte de su modelo del mundo.

Todos consideramos que tenemos la solución para el cambio de conducta "incorrecta" de nuestra pareja, y persistimos en aplicar dicho método, a pesar de que no obtenemos los resultados que esperamos. ¡Nos empecinamos en mantener el mismo enfoque que genera el mismo significado y provoca la misma actitud! Concédeme el beneficio de la duda e intenta cambiar de estrategia, solo para ver qué sucede. Si estás decidido a trabajar en tu relación, te aseguro de encontrarás el método para cambiar tu conducta en primer lugar y obtener una respuesta positiva de tu pareja.

Déjame compartirte este diálogo entre una mujer y su terapeuta:

Esposa: Me enojo y le grito a mi esposo cuando llega tarde y no me avisa.

Terapista: ¿Gritarle a su esposo funcionó o lo hizo de nuevo?

Esposa: ¡Lo hizo de nuevo!

Terapista: Entonces, ¿qué hizo usted?

Esposa: ¡Me peleé más con él y le grité más fuerte!

Terapista: ¿Y esta vez funcionó?

Esposa: ¡No!

Terapista: Quizá es tiempo de dejar lo que no funciona y hacer cosas diferentes.

En este ejemplo, como en muchos otros problemas: dejar la toalla en el piso, la tapa del baño arriba o la pasta de dientes abierta, no coincidir en alguna opinión o gusto especial es importante reconocer que nos aferramos a supuestas soluciones que no dan resultado y que en la mayoría de los casos, solo empeoran las cosas. Cuando llevamos tiempo en este círculo vicioso y nos damos cuenta de que no hay solución al problema porque ya lo probamos todo, empezamos a considerar seriamente hacer a un lado la relación porque tenemos "diferencias irreconciliables". En este momento, decidimos dejar la lucha y resignarnos a ser infelices en nuestro matrimonio o bien, divorciarnos para empezar de nuevo y tener otra oportunidad con alguien más que no cometa los mismos errores, sin pensar que la siguiente opción seguramente cometerá otros. Sin embargo, tenemos que ser conscientes de que realmente no lo hemos probado todo, sino que hemos intentado lo mismo una y otra vez, sin resultados, porque simplemente nos hemos enfocado en las consecuencias del problema y no en las causas que lo provocan.

Si la esposa en el ejemplo anterior, en lugar de confrontar a su esposo, le pregunta cariñosamente qué le pasó y le deja saber que estaba preocupada, te puedo asegurar que la reacción de él sería totalmente diferente y se sentiría agradablemente sorprendido con el cambio.

Debemos enfocarnos en las causas, no en las consecuencias

Muchas veces nos enfocamos tanto en la situación desagradable que enfrenta la relación que nos olvidamos de encontrar la causa.

El conflicto como tal no es la causa de nuestra insatisfacción, sino el resultado de que nuestras necesidades no están siendo satisfechas en la relación. Cada uno tenemos necesidades y deseos que son la motivación de nuestra vida. Sin embargo, satisfacerlos solamente es posible a través de la interacción y la relación con otras personas, lo que provoca que surjan los problema, ya que lo que deseamos no es necesariamente lo que nuestra pareja quiere en el mismo momento, espacio o etapa de la vida. Suena irónico, ¿verdad? Pero así es y de cada uno depende romper el círculo vicioso: necesidades-relaciones-conflictos, y convertirlo en una cadena en la que demos y recibamos lo mejor.

Un hijo puede necesitar que sus padres le demuestren cuánto lo aman, pero ellos no están en casa por sus ocupaciones profesionales. Un esposo puede sentir la necesidad de saber que su esposa es feliz, pero ella puede estar muy preocupada por los problemas de los hijos. La esposa puede tener, en algún momento, la fuerte necesidad de sentirse querida por su esposo, pero él, por su trabajo, no está junto a ella todo el tiempo que ella quisiera. En estos casos como en muchos otros, la falta de sincronía en las necesidades de todos puede dañar la relación, por lo tanto, debemos ser flexibles para encontrar la causa de los conflictos, qué necesidad de nuestros seres queridos falta satisfacer y encontrar un punto intermedio porque es importante ocuparnos de las personas que amamos, si deseamos evitar los problemas que derivan de la frustración y de la insatisfacción.

Desde los inicios de la psicología se ha tratado de entender qué provoca que seamos como somos y cómo podemos vivir de una forma más satisfactoria, construyendo relaciones saludables. Y aunque se ha demostrado que el ser humano puede tener cambios radicales y rápidos, algunos todavía piensan que estamos predeterminados por circunstancias fuera de nuestro control.

Primero surgió el concepto de que nuestros instintos nos configuran, que somos fruto de la creación de nuestros padres en nuestra primera infancia y que somos resultado de un proceso fallido, ya que nos inculcaron todos sus miedos, incertidumbres y ansiedades. Después, los biólogos nos definieron como una amalgama de química y genética: Somos lo que los genes de nuestros padres nos heredaron. Luego, nos han dicho que somos una mezcla rara entre nuestros genes, lo que nos enseñaron nuestros padres y las circunstancias como el colegio, la familia, el trabajo, etc. A muchas personas nos gusta esta idea, pues es una forma muy simple de evadir la responsabilidad y culpar a los factores internos y externos como los genes y los padres de los resultados que obtenemos. Desde este punto de vista, somos víctimas de las circunstancias que nos determinan. Actualmente, se define la personalidad como la suma de 50% de temperamento (nuestra genética) y 50% de nuestro carácter (lo aprendido).

Sin embargo, haciendo a un lado estas teorías, está más que demostrado que las personas son lo que deciden ser.

Seguramente conoces personas que han tenido realmente una vida difícil, y que a pesar de todo, son exitosas en lo que se proponen. Así también, debes conocer a personas que han tenido todos los recursos y oportunidades para tener lo mejor de lo mejor en lo que se propongan... y han fracasado. ¡Somos lo que decidimos hacer con nuestras circunstancias, no un simple efecto residual de las mismas! Esto obviamente no quiere decir que no hay diferencia entre pobres y ricos, o entre el opresor y el oprimido, pero lo importante es comprender que actuar como actuamos es una decisión, por lo tanto, no se puede justificar una conducta por el simple hecho de sus circunstancias. Al final, cada decisión implica una responsabilidad personal ineludible. Decir que cada uno es lo que ha escogido es tan cierto, como que cada uno puede cambiar su circunstancia en el momento que lo desee. La psicología no puede utilizarse para justificar conductas, ya que su objetivo es estudiar el comportamiento para apoyar el desarrollo saludable del ser humano. Esto es importante para encontrar la causa de los problemas en vez de lidiar solamente con las consecuencias. Si conoces a tu pareja y sabes su historia personal, podrás comprender mejor lo que origina ciertos comportamientos y sabrás tratar con ello, en vez de enfrentarte a una lucha sin sentido. Si sabes que por su situación particular, tu pareja necesita apoyo en cierto momento, seguramente procurarás satisfacer su necesidad. Claro que no se debe caer en la manipulación, porque todos podemos superar nuestros traumas y conflictos internos, pero comprender el panorama te ayuda a manejarlo de mejor forma, sin entrar en conflicto.

En cada relación debemos entender nuestras necesidades tanto como las del otro, con la finalidad de descubrir qué es lo que sucede. Si sabemos cuáles son las necesidades de nuestra pareja, seguramente podremos quitarnos la sensación de frustración y desesperación al pensar "yo lo estoy dando todo" y no me lo reconoce, porque posiblemente le estamos dando todo a nuestra pareja menos lo que realmente necesita.

Todos tenemos un "botón secreto" que dispara nuestro sentimiento de amor, conexión y gratitud. Si sabes cuál es el botón de tu pareja, tendrás más posibilidades de satisfacerla y de que se sienta amada. Lo mismo pasará cuando tu pareja descubra ese botón en ti.

Antes de pasar al siguiente tema, quiero retomar el paradigma de la relación perfecta. Algunos podrían pensar: "Seguramente no escogí a la pareja ideal". "Si me quisiera no tendríamos por qué trabajar para solucionar ciertas cosas". O peor aún: "Si realmente le importara, debería saber cómo me siento". Lastimosamente debo decirte que todo esto es falso. No hay relaciones perfectas, ni parejas ideales. Toda relación tiene problemas y requiere mucho trabajo y cuidado. Pensar que "debe quererme porque es mi pareja" es tan absurdo como decir: "Deben pagarme en mi trabajo porque soy parte de la planilla". Todo lo que realmente vale la pena en la vida requiere trabajo, disciplina y sacrificio.

Si queremos tener un cheque al final de mes, debemos trabajar. Si queremos bajar de peso, tenemos que hacer ejercicio y dieta. Si queremos comprar la casa de nuestros sueños, tendremos que hacer sacrificios y ahorrar por algún tiempo. Si ese es el panorama en la vida material, ¿por qué tendría que ser diferente en una relación? Si queremos tener hijos disciplinados, productivos, exitosos y felices debemos trabajar en ellos. Si queremos tener la relación que deseamos debemos esforzarnos para lograrlo, dando lo mejor de nosotros todo el tiempo. La buena noticia es que si lo hacemos, obtendremos la recompensa del amor de nuestros seres queridos y alcanzaremos la realización y plenitud de una vida compartida. Este principio básico es de lo más importante que debemos saber acerca de las relaciones.

Todas las relaciones, sin excepción, pueden mejorar para ser satisfactorias, gratificantes y edificantes para ambos, pero es un reto que se debe aceptar, ya que generalmente se debe trabajar paso a paso, haciendo pequeños, pero significativos cambios cada día. Lo repito porque es importante tenerlo claro, las buenas relaciones requieren trabajo. Es muy raro encontrar una relación perfecta, si disfrutas de una, ¡visualízate como alguien bendecido!

CAPÍTULO 3

¿En qué nivel está nuestra relación?

Básicamente hay tres formas de amor que determinan nuestras relaciones. La primera busca llenar nuestras propias necesidades, la segunda se enfoca en el intercambio, la tercera es cuando la pareja está realmente comprometida en dar, sin esperar algo a cambio por parte de su pareja. La mayoría de los problemas en las relaciones personales provienen de las parejas que permanecen en el nivel uno y dos. Veamos cada uno de ellos.

Nivel uno: amor egoísta

A este nivel se le conoce como el amor de bebé, ya que mis necesidades siempre son lo primero. Este es el nivel más inmaduro de la relación, en donde uno o ambos se enfocan en llenar sus expectativas y necesidades sin importar si son satisfechas las de la pareja. Este tipo de relaciones usualmente son frágiles debido a que hay mucho desgaste por la desconfianza, lo que genera conflictos. En estas relaciones esperamos todo sin dar nada. La máxima de este tipo de relaciones es "Dame porque me lo merezco", o bien, "Es tu obligación satisfacerme". Lastimosamente, muchas personas se casan pensando que su pareja los hará felices, cuando la única persona que es capaz de procurar su felicidad es ella misma al dar lo que espera recibir.

Ejemplos de este tipo de relaciones suelen ser:

- Cuando exijo atención, cariño, respeto y detalles que yo no ofrezco.
- Cuando yo pienso que mi pareja "debe" hacerme feliz, o cuando pienso que "soy su pareja y eso debe bastar para hacer lo que quiero".

Al inicio, la pareja puede aceptar este tipo de relación porque está enamorada, pero a mediano plazo, te puedo asegurar que se cansará, pues tarde o temprano su "cuenta de amor" estará en cero, porque también necesita que se le deposite oportunamente.

Nivel dos: amor condicionado

Se le llama condicional porque es un trato permanente: "Tú obtienes lo tuyo, solo si yo obtengo lo mío". Se da mutua consideración y privilegios a manera de intercambio permanente y todo es neutral, tanto en lo afectivo como en lo sexual. Esta es la segunda etapa en las relaciones y ocurre cuando uno o ambos están cansados del primer nivel en el que no reciben lo que corresponde en la relación. Es entonces cuando "se pacta" como si fueran socios de una empresa, ya que a partir de ese momento "tú recibirás lo tuyo y yo recibiré lo mío". Cada uno se asegurará de dar su parte y listo.

En esta etapa están muchas parejas que no viven sino que "sobreviven" en su relación.

Ejemplos de este nivel de relación son:

- "Tú puedes salir con tus amigos… si yo puedo salir con mis amigas".
- "Yo puedo gastarme el dinero en lo que quiera porque tú lo haces".

El problema de este tipo de relación es que lejos de solucionar las diferencias de pensamiento, con el tiempo, la pareja se va separando cada vez más, ya que cada uno empieza a tomar su camino y a formar una vida independiente del otro, hasta que un día se encuentran tan distantes que deciden separarse porque ven que la relación ya no tiene sentido. Así pues, la opción que encontramos para salir del nivel uno, solamente logra retardar la decisión de la separación.

Nivel tres: amor adulto

Este nivel de relación muestra más madurez, ya que ambos entienden que son tan importantes sus necesidades como las del otro. Ante cualquier circunstancia, se le da prioridad al otro, por lo que la comunicación, la comprensión y la pasión fluyen naturalmente. Cuando descubrimos, como pareja, las necesidades del otro, tratamos de satisfacerlas espontáneamente de la mejor forma posible y sin esperar una recompensa. En este tipo de relaciones damos incondicionalmente, pues sabemos que nuestra pareja también está dispuesta a dar sin recibir una recompensa específica. En este ambiente de confianza, ambos podemos expresar lo que sentimos y somos auténticos sin temor, sin sentirnos amenazados o heridos, porque la apertura es mutua.

La pareja da porque quiere y porque lo siente, no porque debe o porque necesita recibir algo. Esta posición es totalmente liberadora de las muestras de afecto, detalles y cariño, pues no se está obligado a nada, más que a expresar su amor en el momento que lo desee.

Ejemplos de este amor es cuando en nuestra relación estamos dispuestos a pensar en "nosotros" en lugar de "tú y yo", en donde las cosas se comparten porque se entiende que son de los dos, y aunque haya diferencias, no se pierde el punto de vista en común, ya que algunas veces tendremos que apoyar más en la relación y otras veces tendrán que apoyarnos a nosotros. En este nivel, tenemos muy presente la promesa que hicimos cuando nos casamos: "En las buenas y en las malas, en la salud y en la enfermedad, en la riqueza y en la pobreza".

Ahora preguntémonos: ¿En qué nivel estamos? Nuestra relación es un reflejo del nivel en donde nos encontramos y obviamente lo que corresponde es alcanzar y mantenernos en el nivel tres. Para determinar el nivel de nuestra relación, debemos evaluar quién está en el nivel más bajo. Si por ejemplo, yo estoy en el nivel uno y mi pareja en el nivel tres, tarde o temprano mi pareja sentirá que me estoy aprovechando y perderá su confianza, por lo que pasará al nivel uno. Si uno de los dos está en un nivel más bajo, la tendencia será que la relación esté en ese nivel, ya que estar en otro superior es insostenible por mucho tiempo. Por lo tanto, el trabajo será apoyar a la pareja que esté en el nivel inferior y ayudarla a crecer al siguiente nivel. No es fácil, y por ello será fundamental obtener el compromiso de la persona para que acepte ayuda para su crecimiento. En mi experiencia, si la pareja no acepta su situación ni muestra interés y compromiso para mejorar, será muy difícil que ocurran cambios. Estos procesos de crecimiento son personales y muchas veces se requiere de un terapeuta externo para lograrlo. Pensar que podemos fácilmente hacer que nuestra pareja acepte su posición y pueda cambiar sin ayuda de nadie es poco realista, así como pensar que nosotros, como pareja, podemos hacer cambiar al otro, ya que la reacción natural será ponerse a la defensiva.

Relaciones con candados

Ya que sabemos sobre los niveles de la relación, vale la pena aplicar este conocimiento a un tipo específico de dinámica entre la pareja que llamamos relaciones con candados. Un candado es cuando uno de los dos hacemos peticiones que son repetidamente negadas, ignoradas o irrespetadas. Con el tiempo, alguno de los dos pedirá con más intensidad, de forma controladora o indirecta, hasta que la relación se convierte en una lucha por el control. Este es el caso típico de la esposa que le dice a su esposo que el dinero no alcanza, y él empieza a tomar más responsabilidades y a dedicarle más horas a su trabajo para crecer. Sin embargo, con el tiempo la esposa lo critica porque está mucho tiempo ausente, que ya no está con ella y con sus hijos. En este momento, el esposo está en una relación de candado, puesto que haga lo que haga, será muy difícil llenar las expectativas de su esposa.

Ahora preguntémonos: ¿Qué necesidades he expresado o me han expresado, que he ignorado? ¿Es una necesidad de nivel uno (demanda), de nivel dos (intercambio) o de nivel tres (puedes ponerla como prioridad para tu pareja)? ¿Qué tan importante es que dicho requerimiento se cumpla? Qué tan importante es para mí o mi pareja decir no? ¿Qué emociones involucramos cuando pedimos o negamos algo? ¿Por qué? Como vimos en el ejemplo, a veces podemos encontrarnos en una situación de candado provocada por juegos psicológicos en los que asumimos un rol: perseguidor, víctima o salvador, y no accedemos a los requerimientos de la otra persona porque no sabemos cómo quedar bien, nos encontramos en una situación en donde hagamos lo que hagamos seremos criticados, envolviéndonos en un círculo vicioso. Lo más sano en este caso es buscar ayuda profesional que nos haga ver la dinámica de la relación y nos ayude a salir del círculo de manipulación.

Los modelos aprendidos

Todos, consciente o inconscientemente, seguimos y somos influenciados por ciertos modelos. Aunque es posible que sepamos que el modelo de relación que tuvimos cuando niños no fue el mejor, tendemos a repetirlo porque no conocemos otro. Cuando nos damos cuenta de que tenemos un modelo, es importante que nos preguntemos: ¿Qué tipo de resultados hemos alcanzado con ese modelo? De esta forma, podemos entender por qué nos comportamos de cierta manera.

Preguntémonos: ¿Qué persona ha influenciado en nuestra forma de ver las relaciones? ¿Seguimos este modelo consciente o inconscientemente? ¿Qué necesidades satisfacemos al seguir este modelo? ¿Qué tipo de relaciones tiene tu modelo? ¿Qué nivel de relaciones tiene tu modelo: uno, dos o tres? ¿Este modelo te ayuda o perjudica tu relación? ¿Qué creencias de ese modelo puedes prevenir o evitar, ya que entiendes que te perjudica o perjudica a tu pareja? Si creciste en un hogar estable que te brindó seguridad, es muy probable que busques una pareja con quién replicar dicho modelo, lo que provocará que intentes encontrar ciertos rasgos característicos en una persona; sin embargo, la persona que escojas, aunque tenga los rasgos que inconscientemente anhelas, es probable que tenga un modelo de hogar diferente, lo que provoca que reaccione distinto en diversas situaciones. Por ello es importante descubrir que aprendemos de modelos, pero que es posible alejarnos de ellos en la medida que afecten negativamente nuestras relaciones. Hay que tomar lo bueno y hacer a un lado lo malo. Aprender de los modelos lo que nos agrega valor: la honestidad, la tenacidad, el amor incondicional, el compromiso; pero debemos desechar lo que provoca rigidez o intransigencia: la intolerancia, el egoísmo, la desconfianza o la violencia, por ejemplo.

En conclusión, es valioso comprender en qué nivel se encuentra nuestra relación, porque define un panorama para establecer un plan de acción que nos permita llegar al siguiente nivel. El problema cuando tenemos una relación nivel uno es que tarde o temprano llega el aburrimiento, por lo que empezamos a buscar variedad. Esto, muchas veces, provoca que se busque la conquista en una nueva relación. Tener seguridad es importante para el ser humano, pero también lo es tener variedad, y si nos concentramos en una relación egoísta o de intercambio, naturalmente, conforme el tiempo pase, tenderemos a buscar algo más. Especialmente si la otra persona se está cansando de la manipulación.

Así pues, ahora podemos entender que es posible mantener el matrimonio, pero no la relación. La institución es fácil de sostener, ya que simplemente se acepta vivir en una relación que no queremos y listo. Sin embargo, si estás leyendo este libro, te puedo asegurar que aspiras a una relación mucho mejor, y es posible lograrlo porque estás tomando conciencia de aspectos importantes que puedes compartir con tu pareja para buscar soluciones juntos.

CAPÍTULO 4

¿Sabemos de nuestra pareja lo que realmente necesitamos saber?

Sin importar la raza, creencias, cultura, religión o demás particularidades, somos iguales a los más de siete mil millones de seres humanos en cuanto a nuestras necesidades básicas. No son simples deseos, son requerimientos que nos mueven en búsqueda de la felicidad en cualquier etapa y actividad de la vida. Veamos cuáles son nuestras seis necesidades básicas.

Necesidad # 1
Seguridad/Comfort

Todos necesitamos sentirnos seguros, evitar el dolor y sentirnos cómodos con nuestro ambiente y relaciones. El psicólogo A. Maslow lo exponía en su pirámide de necesidades, en donde tener un techo, comida y seguridad es fundamental para nuestra salud mental y emocional. Si no se tiene esta necesidad satisfecha, difícilmente es posible enfocarnos en satisfacer cualquier otra.

La necesidad de sentirnos seguros es continua en nuestra vida, sin importar si somos bebes, niños, adolescentes, adultos o ancianos. Sin embargo, la forma y nivel de satisfacción varía en cada persona. Algunos nos sentimos seguros con una casa, salud y trabajo estable, otros con un millón de dólares en el banco, otros con un cheque mensual de jubilación, otros con una relación formal, otros con la aceptación de nuestra pareja, otros con una familia integrada. Las personas que tienen esta necesidad como prioridad, usualmente buscan: seguridad, estabilidad, protección, predictibilidad y comodidad.

Necesidad # 2
Variedad/Incertidumbre

El ser humano necesita variedad y retos para ejercitarse física y emocionalmente. Nuestro cuerpo, mente y nuestra salud emocional requieren ejercicio, sorpresa, suspenso. Cuando una persona es atrapada por la rutina, invariablemente, conforme el tiempo pasa, busca cambios e incertidumbre. Así como necesitamos de seguridad, paradójicamente necesitamos también de variedad en todos los aspectos para sentirnos vivos, ya que a través de ello, crecemos.

Algunas personas satisfacen esta necesidad haciendo deportes extremos, otras saliendo al cine; otros, a través del sexo y algunos más, experimentando soluciones nuevas para ciertos problemas. ¿Sabías que en las relaciones, algunas veces, las personas crean problemas inconscientemente para romper la rutina, incluso para validar que aún le importan a su pareja? En el sentido negativo, algunas personas buscan la variedad en cualquier tipo de adicciones o exponiendo su vida. Las personas que tienen esta necesidad como número uno, usualmente buscan el miedo, la inestabilidad, el cambio, el caos, el entretenimiento, el suspenso, la sorpresa, el conflicto y la crisis.

Necesidad # 3
Reconocimiento

Todas las personas necesitamos sentirnos importantes, útiles y queridas. Cuando somos bebés, necesitamos sentirnos la prioridad número uno. Cuando somos niños, competimos con los hermanos para sentirnos especiales y únicos. La importancia proviene de compararnos con otros y siempre buscamos tener una jerarquía más alta en cualquier actividad que desempeñemos. Podemos sentirnos importantes cuando hemos logrado algo, hemos construido algo, hemos sido exitosos en nuestra profesión o cuando vemos que hemos formado hijos con sólidos valores. Lamentablemente, también podemos sentirnos importantes cuando destruimos algo o a alguien.

En su aspecto positivo, esta necesidad puede llevarnos a la búsqueda de un nuevo estándar de vida. Pero si nos enfocamos mucho en esta necesidad, es muy probable que tengamos problemas para conectarnos asertivamente con los demás, ya que nos enfocaremos más en las diferencias que en las similitudes. Para algunos, la importancia proviene de la familia, para otros, haciendo un buen trabajo, ayudando al prójimo o adquiriendo riquezas. Sin embargo, desde su perspectiva negativa también puede buscarse importancia a través del fracaso o teniendo baja autoestima, ya que con ello se obtendrá la atención, lástima o incluso el cariño de los demás. Algunas veces, las personas mantienen su depresión pues inconscientemente saben que recibirán la atención y cuidado que necesitan de quienes les rodean.

Hay quienes buscan satisfacer su necesidad de sentirse importantes tratando mal a los demás, haciéndolos sentir de menos o incluso, amenazando físicamente a otros. Las personas que tienen esta necesidad como prioridad, usualmente buscan orgullo, importancia, alto estándar, logro, desempeño, perfección, disciplina, competencia y/o rechazo.

Necesidad # 4
Amor/Conexión

Todos necesitamos conexión con otras personas; buscamos y esperamos amor. Desde bebés tenemos la necesidad de ser queridos y recibir cuidados. Si no obtenemos dicha atención, incluso podemos morir. En las relaciones, algunas personas lo conceptualizamos como el amor romántico, como la persona que dedicará su vida a hacernos felices y complementarnos. Algunas personas no experimentan el amor, pero tienen muchas formas de sentir conexión en su grupo social, trabajo o amigos.

En su aspecto negativo, quienes tienen esta necesidad como primaria, suelen desvalorarse e incluso aceptar el maltrato con tal de mantener una conexión o relación con otro. Su forma de racionalizar por qué aceptan el maltrato, es por el miedo que los lleva a conformarse: "El que te quiere, te aporrea", "me quiere, lo que pasa es que tiene carácter fuerte", o bien, "el amor lo puede todo". Las personas que tienen esta necesidad como la número uno, usualmente buscan pasión, unidad, compañía, apoyo, deseo y cuidado.

Necesidad # 5
Crecimiento

Si en algún momento dejamos de crecer, morimos, esta es una premisa de la naturaleza. Se ha demostrado que el universo mismo no es estático, está en crecimiento y expansión continua.

Nosotros necesitamos desarrollarnos constantemente a nivel emocional, intelectual, corporal y espiritual. Crecemos y maduramos desde que nacemos hasta que llegamos a la tercera edad. Crecemos emocionalmente en cada experiencia de vida y crecemos intelectualmente como respuesta a los eventos y al mundo que nos rodea. Todas las cosas que queremos mantener en nuestra vida: el amor, la salud, el dinero, las relaciones y la felicidad deben ser cultivadas y desarrolladas. Debemos buscar crecimiento a través del desarrollo profesional (estudiando), el desarrollo físico (haciendo cualquier tipo de ejercicio) o espiritual (buscando el encuentro con Dios).

Las personas que le dan prioridad a esta necesidad constantemente buscan formas de aprender y desarrollar su mente, su cuerpo y su vida espiritual.

El crecimiento en cualquiera de sus dimensiones a diferencia de las anteriores necesidades, no presenta aspectos negativos, salvo la obsesión si se enfatiza en un área específica y se descuidan las otras. Sin embargo, de no satisfacerse la necesidad crecimiento, es posible que se presenten todos los aspectos negativos imaginables ya que con el tiempo nos quedaremos obsoletos profesionalmente, enfermos físicamente o inmaduros emocional y espiritualmente.

Necesidad # 6
Contribución

Esta necesidad va más allá de nosotros mismos y busca dar a otros. Una vida está incompleta si no se tiene la necesidad de contribuir con otros o a una causa. Es parte de nuestra naturaleza "querer dar algo de vuelta", dejar una marca en el mundo. Esta necesidad se expresa con actividades como darle tiempo de servicio a nuestra comunidad, hacer donaciones caritativas, sembrar árboles, escribir libros, compartir saberes y experiencias, etcétera.

En el mundo hay personas con mucho dinero y recursos; personas que según el estándar que nos han vendido, prácticamente pueden tener la vida de sus sueños y ser plenamente felices. Sin embargo, son profundamente infelices debido a que se han enfocado tanto en su realización personal, que no han aprendido a satisfacer la necesidad de apoyar a otros.

Las cuatro primeras necesidades: seguridad, variedad, amor e importancia son esenciales para la sobrevivencia del ser humano. Son fundamentales para la personalidad y todos necesitamos sentir que las hemos llenado en alguna medida, aunque tengamos que mentirnos a nosotros mismos. Las últimas dos necesidades: crecimiento y contribución son esenciales para una vida realizada. Son necesidades del espíritu y no todas las personas encontramos la forma de satisfacerlas.

Cuando nuestra necesidad de amor, crecimiento y contribución están satisfechas, sentimos el impulso para satisfacer las demás. Al enfocarnos en algo que va más allá de nosotros mismos, muchos de nuestros problemas y fuentes de dolor tienden a desaparecer. ¿Cómo nos sentimos frente a un problema y conocemos a alguien que tiene uno más grave? Por supuesto que nos consuela, incluso nos motiva a ayudar y olvidarnos de nuestra situación en ese momento.

Contribución es la necesidad humana que regula efectivamente nuestras otras cinco necesidades. Cuando estamos enfocados en ayudar a otros, sentimos la *seguridad* de que podemos hacerlo, obtenemos *variedad* porque interactuamos con otros y nos percibimos *importantes* porque sabemos que contribuimos a que alguien mejore su vida. El lazo espiritual que se crea cuando ayudamos nos ofrece una profunda *conexión* y finalmente, *crecemos* al buscar formas creativas para apoyar a quienes nos rodean.

En este contexto de las necesidades, otro aspecto importante a tomar en cuenta dentro de la relación de pareja es que todos, tanto hombres como mujeres tenemos una energía masculina y una femenina. Nuestra energía masculina nos mueve a buscar resultados, aceptar retos, superar obstáculos y solucionar problemas. Por otro lado, nuestra energía femenina nos mueve a buscar armonía para vivir plenamente.

Si una mujer pretende controlar a su pareja, con el tiempo, él buscará escapar porque su energía masculina natural lo inclina a la libertad, ya que es lo único que le da paz. Así que es un error común pensar que puedes poseer y controlar a tu pareja. Por otro lado, si un hombre no satisface la energía de su esposa de mantener armonía en todos los aspectos, a mediano plazo, tendrá a su lado a una mujer con mucho resentimiento.

Para el hombre es importante satisfacer las seis necesidades básicas, pero desde la perspectiva de la energía masculina, el reconocimiento es de las más importantes porque le ayuda a sentirse importante, ser el líder, quien provoca que las cosas sucedan. El hombre sin reconocimiento puede sentirse quebrado y si no lo obtiene de su pareja, lo buscará en sus hijos, su trabajo o tal vez en otras relaciones. La esencia de la masculinidad es servir y proteger.

En una relación, la principal necesidad
del hombre es reconocimiento.

En el caso de la mujer, su energía femenina provoca que una de sus necesidades prioritarias sea el amor y la conexión. Sabemos que las críticas de cualquiera de los dos provienen de la falta de respeto o la desconfianza. Entonces, ¿cómo se obtiene el respeto? Al ofrecer a la relación algo que la otra persona no puede dar. ¿Cómo se obtiene la confianza? Al demostrar que los intereses de la otra persona están alineados con los nuestros. La confianza de la mujer se gana cuando ella siente que su pareja siempre estará para ella, sin importar qué suceda. La mayoría de veces, cuando nuestra esposa discute con nosotros, lo que realmente hace es pedirnos que estemos más presentes para ella y la hagamos sentir amada. Entonces, lo que el esposo debe hacer es demostrarle que siempre está presente, tranquilo y tolerante hacia a ella, de esta forma, crea polaridad de atracción y se desarrolla la intimidad. Este es un secreto que todos los hombres deberían saber: tu esposa siempre requerirá tu atención ¡todo el tiempo!

En una relación, la principal necesidad de la mujer
es sentirse lo más importante para su pareja.

¿Cómo satisfacemos nuestras necesidades?

Todos necesitamos satisfacer las seis necesidades, sin embargo, cada persona puede satisfacerlas de forma positiva o negativa. Algunas formas de satisfacción son buenas para la persona, para otros y para la sociedad, pero otras formas son malas para todos.

Es posible satisfacer la necesidad de seguridad al asistir al colegio y obtener un grado que nos permita tener acceso a un trabajo remunerado, o bien, podemos satisfacerla haciendo lo menos posible, evitando retos, robando o siendo rígidos e intolerantes en nuestras posturas y creencias, incluso religiosas.

La necesidad de variedad podría satisfacerse leyendo sobre varios temas o conociendo diferentes tipos de personas. Pero también podemos satisfacerla buscando riesgos o siendo violentos. Algunos podríamos buscar relaciones extramaritales o simplemente ver una película en el cine.

La necesidad de reconocimiento se puede satisfacer siendo el mejor o el peor en algo. La necesidad de amor se puede llenar cuidando a otros o dominando a otros, presionándolos para que nos muestren aprecio. Uno puede crecer siendo una mejor persona o un ser humano despreciable. Podemos contribuir al ayudar a otras personas o destruyéndolas. El ser humano está envuelto en la paradoja de sus necesidades, por lo que puede sufrir en su búsqueda contradictoria entre seguridad y variedad. Entre la satisfacción de importancia o amor.

Carecer de la satisfacción de alguna de nuestras seis necesidades básicas nos impacta de forma directa. Y debido a que sentimos esas emociones tan intensamente, muchas veces, con tal de liberarnos de ellas acudimos a drogas, sexo, comida, licor o medicinas. Algunos ejemplos de cómo nos sentimos al perder algo valioso que afecta nuestras cuatro necesidades de sobrevivencia:

- Cuando perdemos el sentido de seguridad nos sentimos vulnerables.
- Cuando perdemos el sentido de variedad nos encontramos atrapados.
- Cuando perdemos el sentido de importancia nos sentimos pequeños o sin valor.
- Cuando perdemos el sentido de estar conectados o amados, nos sentimos solos.

Por lo tanto, la mejor forma de saber si nuestras decisiones y conductas nos ayudan o perjudican es preguntarnos: "¿Lo que pienso, digo y hago para solucionar mi problema es bueno para mí y para los demás?" Si no es posible responder positivamente y de forma honesta, lo que debemos hacer es detenernos de inmediato y buscar otra solución.

¿Cómo puedo utilizar esta información para mejorar mi relación?

Cuando revisamos las seis necesidades y pensamos de qué forma estamos llenando las de nuestra pareja, podemos ver fácilmente por qué la relación va bien o va mal. Una vez que hemos entendido las necesidades básicas de nuestra pareja y la forma de satisfacerlas, debemos esforzarnos por lograrlo con excelencia durante noventa días.

El proceso es el siguiente:

1. Entender la necesidad principal de nuestra pareja.
2. Entender cómo debe ser satisfecha esta necesidad.
3. Aplicar de forma práctica lo que hemos aprendido ofreciéndole a nuestra pareja lo que necesita para sentirse querida durante noventa días, sin importar su reacción.
4. En ese tiempo, nuestra pareja se dará cuenta de los cambios que hemos hecho, los interiorizará, los aceptará y finalmente, los devolverá, ya que esto es parte de la naturaleza humana.
5. Si no obtenemos la respuesta esperada, a pesar de nuestra buena intención y constancia, deberemos entender que la relación no depende solamente de nosotros y que quizá a la otra persona no le interesa tener el nivel de relación que esperamos, por lo que será el momento de tomar decisiones importantes.

Te recomiendo que lo intentes, créeme que obtendrás los resultados esperados, y si no te funciona, podrás tomar la decisión que corresponde, libre de culpa, ya que habrás hecho el esfuerzo necesario y habrás trabajado por lograr la relación que ambos merecen.

¿Cómo afecta el satisfacer las necesidades en mi relación?

Muchas personas exitosas que se enfocan en sentirse importantes, experimentar seguridad o conexión, tienen problemas en sus relaciones y sienten que no son realmente amadas. Esto se debe a que dedican el 100% de su esfuerzo al desarrollo profesional, lo cual implica pagar un precio, que en este caso es el abandono de sus relaciones personales. Es vital que aprendamos a tener equilibrio en la satisfacción de nuestras seis necesidades, como todo en la vida, de lo contrario perderemos el balance indispensable para ser realmente felices. Si nos enfocamos en satisfacer solamente una, irremediablemente nos limitaremos en la consecución de las demás.

Un caso como tantos

El esposo

Un hombre profesional, competitivo como todos los varones, busca destacarse en su trabajo, busca ser el mejor (reconocimiento) y darle seguridad a su familia con los ingresos económicos suficientes (seguridad). Para lograrlo, trabaja de lunes a viernes todo el día; por las noches estudia una maestría (crecimiento); el sábado va al club para apoyar en actividades de beneficencia (contribución); y el domingo sale con sus amigos a ver un partido de fútbol (variedad). Todo normal hasta ahora, ¿cierto? Este es un típico caso de familia.

Desde el punto de vista del esposo, él está cumpliendo con sus responsabilidades sociales, laborales y familiares. Es un proveedor comprometido e incansable en la búsqueda de lo mejor para su familia, brindándoles *seguridad* a todos (su necesidad número uno). Sin embargo, no se siente reconocido por su esposa y sus hijos, siente que no está conectado con su familia, el trato es un poco frío por parte de sus hijos y su esposa se muestra distante.

Él empieza a sentirse incomprendido, poco valorado y se pregunta si vale la pena tanto trabajo y esfuerzo, para que ni siquiera le muestren el amor que se merece. Está cansado y no para en toda la semana debido a que debe cumplir con sus obligaciones como esposo y profesional. Con el tiempo, siente que se ha distanciado de su esposa e hijos y que ellos son mal agradecidos. Sus hijos ya no salen a recibirlo con emoción y su esposa ya no lo espera para cenar, por lo que empieza a sentirse solo. Se confunde porque mientras en su casa cada día se siente más extraño, en su trabajo cada vez es más querido, respetado y personas del sexo opuesto muestran su admiración.

La esposa

Tiene un trabajo de medio tiempo que le otorga la oportunidad de sentirse productiva y valorada. Por otro lado, siente que la relación con su esposo ya no es como antes. Considera que él cada día se interesa menos por ella y por sus hijos, ya no le muestra detalles, no comparte con ellos y cada día está menos en casa. Le molesta que ya no tengan tiempo a solas, ya que sale temprano y llega tarde por la noche. Los fines de semana el esposo tampoco está en casa, por lo que ya no comparte con los hijos.

A pesar de que no tienen necesidades económicas, ella considera que no son felices y como su esposo nunca está en la casa, empieza a sospechar que quizá tenga una relación extra marital. Siente que es injusta la situación actual, ya que ella también trabaja y además debe lidiar con la casa, los hijos, las tareas, la comida, los compromisos sociales, las salidas el fin de semana, y mil cosas más sin la ayuda de su esposo. Para compensar su falta de amor y conexión, se ha dedicado a sobre proteger y consentir a sus hijos, lo cual ha complicado la educación de los hijos mayores, ya que se muestran rebeldes.

Como ha perdido el *amor y la conexión* con su esposo, su necesidad número uno, siente que su matrimonio es un fracaso. Ya no tiene un momento para compartirle sus logros y tristezas o las preocupaciones de los hijos. Se empieza a sentir engañada, que quizá está envejeciendo o el aumento de peso ha provocado que él pierda el interés. Sin embargo, se siente halagada ya que varios compañeros de trabajo le dicen que el tiempo no pasa en ella, ya que se ve muy bien.

Los hijos

Se dan cuenta de que la dinámica en la relación de sus padres ha cambiado y empiezan a entender que hay problemas. Si los hijos son mayores, le restan importancia porque la situación les permite tener más independencia, ya que ambos padres trabajan. Sustituyen la presencia de los padres por la de los amigos o el novio, pasan de la libertad al libertinaje y bajan su rendimiento escolar. En casos extremos, pueden darse comportamientos anormales para su edad como el consumo de alcohol, las relaciones sexuales prematuras y otras adicciones con las que intentan cubrir sus necesidades insatisfechas.

En el caso de niveles socio económicos altos, tanto papá como mamá tratan de "recompensar" de alguna forma el desajuste en la relación, por lo que consienten a sus hijos en cuanto a sus necesidades de colegio, ropa, clases privadas, diversión, dinero para salir con sus amigos, carro, etc. En el caso de niveles socio económicos bajos, la ausencia se reemplaza por la supuesta presencia de abuelos o familiares cercanos. Sin embargo, en mi experiencia, en este nivel socio económico la ausencia de padres ha sido fuertemente sustituida por las famosas "maras" con las que cubren las necesidades de seguridad, variedad, conexión y reconocimiento.

Si los hijos son pequeños sienten la ausencia de papá y mamá, pero aparentemente se acomodan, al pensar que esa es la forma como funcionan los esposos. A las piñatas y actividades infantiles van cuando sus primos los llevan, de lo contrario, simplemente no van y se pierden de las actividades que les permiten su desarrollo social y emocional. Por lo tanto, se vuelven retraídos, desconfiados y rebeldes, además de reportar problemas en el rendimiento escolar. En casos más serios, evidencian problemas de aprendizaje, bullying y otras conductas con las que intentan satisfacer sus necesidades de seguridad, variedad, conexión y reconocimiento.

El problema

Evidentemente, el problema real es la insatisfacción de las necesidades de ambas partes, la cual se origina en la falta de comunicación. Mientras el esposo busca satisfacer su necesidad de seguridad, la esposa busca satisfacer su necesidad de amor y conexión. Estas necesidades son tan básicas que harán casi cualquier cosa para satisfacerlas, y los problemas surgen cuando es imposible lograrlo con la pareja. Cuando descubrimos las dos necesidades principales de nuestra pareja, entendemos el motivador que impulsa su vida, aquello que le da satisfacción y significado. Al final de este libro, encontrarás un ejercicio con varias preguntas que te ayudarán a explorar estas necesidades.

En el caso que acabamos de leer, es obvio que para el hombre la seguridad es lo más importante, mientras que para la mujer es el amor y la conexión, y aunque puede ser que tengan las mismas prioridades, la forma de satisfacerlas quizá sea diferente. Si yo busco satisfacer mi necesidad de seguridad, me enfocaré en tener control sobre las personas que me rodean, mientras otra persona puede satisfacer dicha necesidad desconfiando de todos, intentando tener mucho dinero en el banco, o bien, a través de su religión. No satisfacer nuestras principales necesidades se convierte en una ansiedad que anula todo lo demás en nuestra vida, por ello es tan importante que ambos en la pareja sepan lo que necesitan y cómo buscan esa satisfacción.

Volviendo a la pareja del ejemplo, vemos que no satisfacen las necesidades de su cónyuge, pero el problema no termina allí, sino que se complica cuando ambos buscan satisfacción fuera de la relación. Ella suplirá su necesidad de amor y conexión a través de sus hijos, familia o relaciones con sus compañeros de trabajo, mientras él suplirá su necesidad de seguridad a través de su trabajo o creciendo dentro de la organización para sentir estabilidad. Cuando las necesidades de ambos es satisfecha afuera del matrimonio, ¿qué los vincula? Es realmente difícil mantener el amor hacia tu pareja cuando tus necesidades son satisfechas por terceras personas.

Comprender lo determinante de estas seis necesidades básicas es la forma más efectiva de tener una relación feliz y complementaria. Al entender este "sistema operativo" de nuestra pareja, somos capaces de entender qué debemos cambiar en la forma de expresar el afecto y darle a nuestra pareja lo que necesita para sentirse amada.

Las consecuencias

Ambos, esposo y esposa consideran honestamente que están haciendo y dando lo mejor por la relación, por lo tanto, asumen que su posición es correcta. Como todo problema que no se plantea en su momento, va creciendo con el tiempo hasta que se vuelve prácticamente insoportable y desencadenan dos tipos de agresión:

a) Agresión pasiva que se manifiesta en indiferencia, frialdad, ausentismo, distanciamiento y falta de intimidad y de confianza. En esta etapa usualmente tratamos de "desentendernos" del problema para no causar uno mayor. El esposo es el especialista natural de esta actitud, pues como ya hemos visto, suele ser menos expresivo. La esposa mientras tanto, en momentos de sensibilidad o desesperación trata de hablar con el esposo para plantear la situación o de hacerlo reaccionar de alguna forma, pero sin mayores resultados o provocando una mayor lejanía.

Cuando se da en algún momento la apertura de ambos, usualmente cada uno defiende su posición y sus razones, por lo que termina siendo una confrontación cerrada en donde ninguno de los dos está dispuesto a ceder, y el intento de acercamiento acaba en más distanciamiento y enojo.

Este tipo de agresión es más común de lo que se piensa. Las parejas que están en esta situación son las que cuando les preguntamos por su relación usualmente nos contestan: "Ya sabes, igual que siempre", "ni para adelante ni para atrás", "como todas las relaciones… resignado", o qué tal esta: "Con mi pareja no se puede, solo porque tengo a mis hijos sigo cargando esta cruz".

Es importante mencionar que muchas parejas mantienen este tipo de agresión por años, enfrascándose en una relación de segundo nivel en donde suelen suceder dos cosas: 1) tanto hombre como mujer tienen una personalidad pasiva, por lo que se ajustan a ese estilo de relación y deciden permanecer en ella indefinidamente; 2) uno de los dos tiene una personalidad más asertiva y cuando se da cuenta de que no habrá ninguna mejora decide terminar unilateralmente la relación o intenta establecer límites, cuando aún es posible encontrar el camino para reencontrar la conexión.

Debido a que no sabemos cuál es realmente el problema, buscamos soluciones externas en la mayoría de los casos y acudimos al mejor amigo, al compadre, al pastor, al sacerdote, al psicólogo, al psiquiatra, etc. esperando que "nos den la solución", cuando en realidad está dentro de nosotros y si no tenemos la disposición nunca la encontraremos, ya que muchas veces acudimos a estas personas buscando más bien una absolución o justificación de nuestros actos para tratar de calmar nuestra conciencia. Lo recomendable en estos casos es buscar terapia profesional que nos ayude: a) ver la realidad, b) evaluar opciones, c) elegir la opción más conveniente y c) desarrollar un plan de acción.

b) Agresión activa que sustituye a la agresión pasiva. Esto se debe a que durante mucho tiempo hemos estado "aguantando" la situación, y como no hemos encontrado una válvula de escape eficaz, la relación se convierte en una olla de presión cuya única opción es explotar. En esta etapa, los hombres solemos ser protagonistas, pues nuestras habilidades de comunicación y expresión no son tan amplias como las de la mujer, por lo que tendemos literalmente a explotar ante la situación y en casos extremos, el único recurso del que disponemos es a través de la violencia física, los insultos y gritos, o para evitar esto, optamos por reprimir la ira, lo que solo incrementa el resentimiento y tarde o temprano afecta incluso nuestra salud. Al igual que en el punto anterior, buscar la ayuda profesional es lo más recomendable, pues obtenemos un visión más clara y objetiva para enfrentar el problema.

Los vehículos para satisfacer nuestras necesidades

En el ejemplo que presentamos, podemos ver claramente que el vehículo del esposo para llenar su necesidad de seguridad era su trabajo, y el vehículo que utilizaba la esposa para llenar su necesidad de amor y conexión eran sus hijos. Muchos de los problemas que tenemos en nuestras relaciones se basan en el esfuerzo inútil por satisfacer nuestras necesidades a través de otros y no de nosotros mismos; a la vez, tratamos de satisfacer las necesidades de las personas que queremos, pero convencidos de que todo depende de nosotros, cuando la otra persona también es protagonista de su propia satisfacción. Todo proceso de cambio empieza por nosotros mismos, al conocer cuáles son nuestra necesidades, motivaciones y modelos, lo que nos ayudará a asumir una actitud proactiva en la relación. Claro que nuestra pareja será determinante porque es con ella que lograremos la realización total como personas, pero la responsabilidad de esa plenitud es nuestra. Intentar cubrir nuestras necesidades a través de una tercera persona es irreal y puede provocar mucha ansiedad entre las personas que nos rodean ya que aunque traten de "hacernos felices", no podrán cumplir siempre con nuestras demandas, porque no todo está en sus manos, sino que en las nuestras; como cada acción que se emprende en pareja, el trabajo es en equipo.

Ahora es el momento de diferenciar entre las necesidades y los vehículos, es decir, las acciones, creencias y conductas que utilizamos para satisfacerlas. Muchas veces, confundimos las necesidades con los vehículos y son dos cosas totalmente diferentes. Por ejemplo, podemos pensar que nuestra necesidad principal es el dinero, pero este es solo un vehículo para obtener lo que realmente queremos, que puede ser la satisfacción de la necesidad de importancia, seguridad o cualquier otra. Alguien puede pensar que trabajar o estudiar mucho es su forma de satisfacer su necesidad de crecimiento, sin embargo, puede ser que la necesidad de conexión es la que realmente intenta satisfacer. Toda buena relación empieza por el conocimiento mutuo, es decir, cada uno se conoce y entiende cuáles son las necesidades propias y cuáles son las de la otra persona. Esto se logra al hablar abiertamente, comprendiendo qué vehículos son los más adecuados y cuáles podemos utilizar para sentirnos plenos en la relación.

También es importante que al evaluar cuál es nuestra principal necesidad, no nos veamos afectados por una que es puntual en ese momento. Por ejemplo, si estamos enfrentando una crisis económica, podemos pensar que nuestra principal necesidad es la de seguridad, aunque al hacer un repaso de nuestra vida, podemos encontrar que lo que nos ha impulsado siempre ha sido el crecimiento. Una vez entendemos nuestra necesidad real, somos capaces de cambiar nuestras conductas y prioridades. Para la mayoría de las personas, la necesidad de amor y conexión supera a las demás, pero también existe en la actualidad una fuerte búsqueda de seguridad y variedad.

El hecho de que la mayoría de las personas tenga como necesidad primordial el amor y la conexión se debe a que tenemos dos miedos primarios:

a. No ser importantes. Al final de cuentas necesitamos ser valiosos para otras personas y que los demás reconozcan nuestro valor.

b. No ser queridos. Esta sensación puede ser tan poderosa que incluso provoca que aceptemos muchas cosas que no nos convienen, simplemente porque necesitamos sentirnos conectados con los demás.

Muchas personas buscan el reconocimiento para sentirse amadas, por lo que desde niños se esfuerzan por obtener buenas calificaciones en el colegio para ganarse el amor de sus padres, y cuando crecen, buscan el dinero o destacar en su trabajo para obtener el amor de su familia.

En el ejercicio al final de este libro, podremos evaluar, entender y cambiar nuestras prioridades y vehículos para satisfacer las necesidades propias y las de la pareja. Si nos sentimos incompletos en un área de la vida, es el momento de descubrir aquellas dos necesidades básicas que nos dirigen, con lo cual descubriremos que debemos dar un giro al rumbo, ya que nos hemos dejado guiar por las circunstancias.

El efecto de la satisfacción de necesidades para una relación plena

En una relación verdaderamente plena, nuestras seis necesidades son satisfechas, ya sea por nuestra pareja, familia, amigos o compañeros de trabajo.

- Cuando contribuimos en la satisfacción de dos de las seis necesidades de alguien más, obtenemos conexión.
- Cuando contribuimos en la satisfacción de cuatro de las seis necesidades de la otra persona, obtenemos un fuerte apego.
- Cuando contribuimos en la satisfacción de sus seis necesidades, desarrollamos un lazo permanente de amor e intimidad.

Si deseamos tener una relación fuerte, amorosa y duradera con nuestra pareja, el camino es satisfacer las seis necesidades del otro. Es primordial que sepamos apoyarlo para llenar sus seis necesidades y sobre todo, las dos más importantes.

Ejemplos de satisfacción de necesidades utilizando vehículos sanos en una relación:

Seguridad: Fidelidad, estabilidad económica, un trabajo estable, carácter estable, tener tiempo como pareja.

Variedad: Divertirse juntos, hacer cosas diferentes o nuevas, salir a cenar o al cine solos, hacer a un lado la excusa de los hijos, hablar no solo de los hijos y los problemas del trabajo, sino de lo que interesa al otro.

Importancia: Reconocimiento del esfuerzo, valoración del trabajo, expresar que los papeles de cada uno son igualmente importantes, ya que administrar la casa y cuidar a los hijos es tan valioso para la familia como llevar el dinero.

Amor y conexión: Comunicación constante, abierta y sincera, apertura, intimidad, decirse mutuamente que se quieren, no solo pensarlo; ofrecer respeto, perdón y humildad ante los errores.

Crecimiento: Desarrollo de la relación en el tiempo, reconocer y aprender de la pareja, crecer como padres, apoyar al otro en su crecimiento profesional y espiritual.

Contribución: Desarrollar actividades de proyección social juntos o apoyar en las actividades en las que se involucre la pareja, enseñar a los hijos a dar al prójimo y explicarles la importancia de compartir con los más necesitados. Recordemos que la necesidad de contribución solo se puede satisfacer a nivel personal cuando nos proyectamos a los demás.

> No podemos llegar a un lugar si no sabemos cuál es el destino, y entender las seis necesidades es el camino.

Hay personas que violan sus valores y se molestan consigo mismas porque terminan buscando la satisfacción de sus necesidades afuera de la relación. Hay quienes engañan a su pareja porque no satisface su necesidad más importante, y cuando se les pregunta por qué no termina la relación, su respuesta es un rotundo ¡no!, porque con su pareja obtienen el amor o la seguridad, pero no obtienen variedad, sentido de importancia o pasión, y en lugar de reencontrarse con su pareja, buscan satisfacer dichas necesidades con otra relación, lo que definitivamente traerá dificultades.

Identificar las necesidades a satisfacer

Al sentirnos insatisfechos, es importante identificar qué necesidad es la que demanda atención, para encontrar un vehículo que pueda llenar ese vacío de forma sustentable. Identificar eso que nos hace falta requiere un análisis minucioso en calma, porque al desesperarnos es muy difícil encontrar una nueva opción, ya que estamos enfocados en nosotros y en nuestro problema. Cuando tenemos satisfechas las necesidades de supervivencia (seguridad, variedad, importancia, amor y conexión) y nos sentimos vacíos, el camino a seguir es enfocarnos en algo que vaya más allá de nosotros, lo que puede hacerse cuando llenamos las necesidades de crecimiento y contribución. He tenido la oportunidad de trabajar con personas que tienen el futuro económico asegurado, una buena familia, sin embargo, se sienten totalmente vacíos. La solución suele ser trabajar las necesidades espirituales (crecimiento y contribución) con la finalidad de que salgamos de nuestro mundo y empecemos a trascender en la vida.

Si en el proceso descubres que tu necesidad es seguridad, debes tener claro cuál es el enfoque, si la seguridad la entiendes como tener una gran cantidad de dinero en el banco o como cubrir tus necesidades básicas. Si tu necesidad es la variedad, debes entender qué vehículos de satisfacción requieres, si darle la vuelta al mundo o salir con tu familia un fin de semana. Si tu necesidad es sentirte importante, debes entender si el vehículo de satisfacción es experimentar el amor de tus hijos o impactar a todo un país. Si la necesidad es el amor y la conexión, debes descubrir si para ello debes dar más amor, recibir más amor o ambas cosas. Como podemos ver, satisfacer nuestras necesidades es una opción personal y siempre habrá formas de lograrlo, más aún si tenemos a nuestro lado quien desee apoyarnos.

Si logramos entender y trabajar primero en la satisfacción de las necesidades propias y luego en las de la pareja, obtenemos la certeza de que en nuestra relación tendremos el amor y la conexión que siempre hemos deseado. Esto aplica también a otro tipo de relaciones como los hijos, los padres, los amigos, el jefe y los empleados.

CAPÍTULO 5

Entendiendo nuestras creencias, valores y emociones

Todos tenemos un sistema de creencias que se implantaron de forma inconsciente. Este sistema fue desarrollado desde nuestra infancia a través de nuestros padres, hermanos, familiares, maestros y entorno cultural, y dirige nuestras decisiones sobre lo que debe ser una familia, el trabajo, la comunidad y la vida en general. Por lo tanto, nuestras creencias, valores y emociones impactan directamente nuestras relaciones, incluso sin darnos cuenta.

Aunque tomamos decisiones permanentemente, en la vida hay momentos cuando dichas decisiones son importantes para reprimir o desarrollar nuestra personalidad. Sin embargo, lo que pudo ser una decisión acertada en la niñez, puede que en nuestra adultez sea totalmente obsoleta, por lo que interfiere en nuestras relaciones. El ejemplo clásico es que a los hombres, desde niños, se nos enseña que no debemos llorar, lo que se graba en nuestro inconsciente, al punto de reprimir nuestra sensibilidad y vulnerabilidad, afectando nuestra vida adulta y la capacidad para expresar nuestras emociones y sentimientos. No estar conscientes de esta creencia o valor puede limitarnos para expresar el cariño a la esposa o a los hijos, ya que simplemente no somos capaces de hacerlo.

En el caso de las mujeres, una niña puede sufrir abuso psicológico o físico por parte de un pariente cercano y decidir que lo superará desarrollando sentimientos de fortaleza emocional. Cuando es adulta, le será muy difícil ser vulnerable y cariñosa con su pareja. Por ello, es valioso analizar en qué consisten nuestras emociones, valores y creencias, y cómo pueden influir poderosamente en nuestra relación.

Las decisiones claves que hemos hecho en la vida afectan nuestra relación actual.

Tomar decisiones clave es vital para nuestra salud mental, sin embargo, si dichas decisiones se han convertido en un paradigma, puede ser que actualmente nos limiten, aunque en su momento nos hayan hecho mucho bien. Hay cuatro características que diferencian una decisión normal de una decisión clave que impacta nuestra vida y nuestras relaciones:

a) Las decisiones tempranas suelen ser más poderosas. Las conductas de hoy son consecuencia de decisiones pasadas. Si desde muy temprana edad decidimos que no podemos confiar en las personas, nos costará muchísimo tener una relación basada en la confianza, aunque nuestra pareja haga todo por obtenerla. Esto no significa que sea imposible cambiar decisiones hechas en el pasado. Si queremos lograrlo, debemos recordar por qué adoptamos esa decisión, cuál fue el beneficio que nos trajo y plantearla en el presente para ver si aún tenemos un beneficio o más bien, nos está limitando.

Veamos este ejemplo: Un hombre crece en la pobreza y decide, desde muy niño, que trabajará duro para tener mucho dinero y darle a su familia todo lo que necesita porque su compromiso moral será cuidarlos. Por supuesto que es una buena decisión, pues pudo haber tomado una totalmente contraria, como resignarse y pensar que nació pobre y que ese es su destino. Sin embargo, después de haberse preparado y alcanzar el éxito, esa misma creencia puede hacerle pensar que lo importante en la vida es trabajar y hacer mucho dinero, lo cual será un obstáculo para lograr su objetivo primario: cuidar de su familia, porque nunca está con ellos debido a su trabajo.

b) Mientras más urgentes son las circunstancias, más influyente será la decisión. Tomamos decisiones clave en circunstancias de gran intensidad emocional y dificultades. Usualmente estas circunstancias de crisis provocan que salgamos de nuestra zona de confort, por lo que nos sentimos más vulnerables al enfrentar nuevas situaciones. Si queremos reconocer las decisiones clave que hemos tomado en la vida, simplemente debemos recordar los cambios que están vigentes ahora y qué hicimos cuando enfrentamos momentos de crisis. Es conveniente preguntarnos: ¿Todavía es válida esa postura que tome hace años respecto a las relaciones y a los roles de pareja que aprendí? ¿Entiendo que mi relación actual es diferente?

c) Las decisiones clave nos dan un precedente. Precisamente en tiempos de crisis es cuando nos vemos obligados a tomar decisiones y acciones, y al hacerlo, creamos irremediablemente un precedente para el futuro. Esto es parte de la inteligencia emocional y lo que nos permite aprender a través de la experiencia. Es conveniente preguntarnos: ¿Lo que aprendí y asumí de mis relaciones pasadas reflejan mi relación presente? O ¿simplemente estoy haciendo un pronóstico irreal de mi relación actual? ¿Para ser feliz podría cambiar esa decisión por otra que se ajuste a mi momento actual?

d) Las decisiones clave son reforzadas por la repetición y la recompensa. En la medida que reconocemos que el cambio de creencias nos ha provocado una nueva conducta que nos ofrece recompensas, buscamos repetirla para obtener dichos satisfactores. Sin embargo, es bueno analizar si estas decisiones aún producen las recompensas que necesitábamos en ese momento específico. Es conveniente preguntarnos: ¿La forma de actuar con mi actual pareja es realista y me permite obtener lo que espero? O ¿estoy usando un modelo que no aplica a mi relación actual y por lo tanto, no obtengo los resultados esperados?

> ¿Podemos tener una relación irracional debido a las decisiones que tomamos en el pasado? Por supuesto, nuestros argumentos de vida fueron desarrollados desde nuestra primera infancia, por lo tanto, muchas de nuestras conductas obedecen a un modelo que seguimos inconscientemente.

Por ejemplo: ¿Por qué algunos hombres se enamoran de mujeres que los rechazan? ¿Por qué algunas mujeres permanecen en relaciones en las que son abusadas? La respuesta es que se aferran a alguna decisión que tomaron y que modeló su vida para aferrarse a un tipo de amor de nivel uno y cambiar ese modelo familiar les provoca miedo e inseguridad. Estas son emociones tan poderosas que pueden encadenarnos a una vida que no queremos vivir.

Si un hombre persiste en la relación con una mujer que lo rechaza o que lo trata con indiferencia, probablemente sea porque él vivió un modelo similar en su infancia, y dicha situación, tan familiar, le brinda seguridad, ya que su experiencia previa le muestra qué esperar de la relación, aunque no le guste. Si una mujer acepta una relación de abuso o de poco afecto, posiblemente proviene de un ambiente en donde la figura paterna la trató igual, así que dicha relación disfuncional satisface su necesidad de seguridad, o quizá tuvo un padre ausente, por lo que no tiene un referente. También puede ser que aprendió, en un momento de su vida, que el amor lo soporta todo, y asumir ese papel estoico la hace sentir superior y satisface su necesidad de importancia, o piensa que ella no vale lo suficiente, o siente miedo, la emoción más segadora que existe.

Algunas de las personas más inteligentes que conocemos viven relaciones problemáticas debido al miedo, la costumbre o la inseguridad, emociones que pueden superar la inteligencia racional. ¿Cómo se explica esto? La neurociencia demostró, hace mucho tiempo, que los seres humanos somos dominados por las emociones más que por las razones, y que la inteligencia no basta para tomar las mejores decisiones. Los negociadores profesionales han aprendido esto y saben que para ganar no es suficiente tener un caso lógicamente armado y datos que lo apoyan. También se requiere tomar en cuenta que las personas, la mayoría de las veces, deciden en base a una emoción provocada, como hemos visto, por sus valores y creencias. Por lo tanto, es conveniente preguntarnos: ¿Mis valores y creencias provocan que acepte una relación de maltrato, ofensiva y distante, donde recibo humillación o rechazo?¿Podremos cambiar estas decisiones clave que afectan nuestra relación? Las diferencias en los valores y creencias son difíciles de superar, pero no es imposible lograrlo, siempre que haya voluntad y respeto por las creencias del otro, se puede encontrar un punto medio.

Lo que determinan nuestras creencias: Los valores

Nuestros valores determinan irremediablemente quiénes somos y en quiénes nos convertiremos, por lo tanto, estarán presentes e incidirán en todas nuestras relaciones. Los valores son personales, y los hemos desarrollado a través de la formación de nuestro carácter, influenciado por el entorno que varía según la cultura. Es por ello que los jóvenes latinos valoramos más a nuestra familia y los jóvenes de Estados Unidos valoran más a sus amigos. Por lo tanto, no es de extrañar que los jóvenes latinos sientan más apego a sus familias y se sientan menos presionados por sus amigos.

Las diferencias con nuestra pareja radican principalmente en los valores y las creencias, lo cual es opuesto a pensar que "nos llevan la contra", "son necios", o bien "actúan de esa forma por llevar mal la relación". Nosotros podemos valorar la seguridad económica y nuestra pareja no, o valorar las muestras físicas de afecto y nuestra pareja no. Entender, valorar y respetar nuestras diferencias hace posible tener una relación plena con nuestra pareja. Es interesante señalar que cuando buscamos amigos, elegimos a personas que tienen nuestros mismos gustos, intereses, valores, etc., pero, cuando buscamos una relación de pareja, buscamos lo opuesto, ya que inconscientemente sabemos que necesitamos tener una persona que nos complemente para que podamos crecer mutuamente.

Todo lo que decimos, hacemos o pensamos se origina en dos cosas:

- Nuestros valores
- Nuestras creencias.

Tenemos dos tipos de valores:

- los que nos hacen buscar algo
- los que nos hacen evitar algo.

Todos buscamos emociones como el amor, la compasión, la pasión, la aventura y la libertad. Lo que buscamos y la prioridad que le damos surge de nuestros valores personales. De la misma forma surgen las emociones que queremos evitar: el miedo, la culpa, el rechazo, la depresión, etc. Sin embargo, cada uno evitará algunas más que otras, según sus valores. Las personas evitamos el dolor y cuando lo enfrentamos, surge un conflicto interno porque hacerle frente a lo que nos lastima va en contra de nuestra seguridad, significa arriesgarnos, pero es necesario porque es imposible huir toda la vida de lo que nos incomoda o provoca conflicto. Los traumas o dificultades individuales y de pareja se resuelven enfrentándolos.

Nuestros valores definen nuestras creencias, que a la vez, determinan la conducta que evidenciamos para cumplir con dichos valores. Así pues, decidimos cuándo debemos sentirnos bien o mal, de acuerdo a nuestras creencias, provocadas por los valores. Es importante que cada pareja conozca perfectamente los valores del otro porque solo de esa forma podrá comprender qué lo motiva realmente, qué lo empuja hacia sus objetivos de vida. Debemos preguntarnos: ¿Qué valoro más? ¿La familia? ¿La integridad? ¿El trabajo bien hecho? ¿La felicidad? ¿Concuerdan mis valores con los de mi pareja? ¿Qué valoramos diferente? ¿Podremos tener un punto de encuentro? Una forma de descubrir tus valores es responder: ¿Si tuviera que entregar todo lo que tengo en la vida y solo me dejaran quedarme con una cosa, que sería?

Nuestro disparador: Las emociones

La neurociencia también ha demostrado que no hay duda sobre la capacidad curativa del amor y otras emociones sobre el cuerpo, así como la influencia negativa de emociones como el miedo o la cólera. Nuestras emociones son el disparador de todo el impulso que nos lleva al logro. Solo a través de las emociones somos capaces de hacer increíbles actos de coraje, amor, pasión o deseo. Es importante señalar que somos dueños de nuestras emociones, ya que están en nuestro absoluto control. Por eso, la expresión "me hace enojar" es una creencia incorrecta. ¿Cómo puede alguien hacernos sentir algo que no queremos?

> Nuestras emociones están en nuestro corazón
> y mente, son parte integral de nuestro
> ser, no dependen de alguien más.

Por lo tanto, pensar que nuestras emociones dependen de factores externos, provoca delegar el control sobre ellas, no asumir la responsabilidad, lo que puede traer graves consecuencias. Por ejemplo: sufrir la pérdida de un ser querido puede provocarnos mucha tristeza, pero si no sabemos controlar esa tristeza, con el tiempo podría convertirse en depresión. Podríamos pensar que somos infelices por culpa de nuestra pareja, pero la realidad es que nos sentimos infelices porque así lo hemos decidido al ser incapaces de enfrentar o solucionar un problema. Es en este punto donde las emociones y las decisiones empatan, tal como lo vimos al inicio, ya que el matrimonio es un compromiso que asumimos por decisión y por emoción. Al enamorarnos decidimos compartir nuestra vida con la persona que escogimos. El amor es una emoción y una decisión que puede y debe cultivarse.

La falta de control sobre nuestras emociones se debe a que pensamos que podemos controlar todo lo que pasa en nuestra vida, todas la situaciones externas, lo cual es solo una ilusión, ya que lo único que podemos controlar es a nosotros mismos. Una causa frecuente de problema en las relaciones es que solemos pensar que podemos controlar a nuestros seres queridos y la verdad es que aunque tengamos una relación totalmente plena y feliz, lo más que podemos llegar a pretender sobre las personas que queremos es influirlas en algún tema específico.

Los que sentimos emotivamente moldea y regula la forma en que procesamos la información que recibimos. A través de diferentes estímulos externos, y según nuestra escala de valores, nosotros decidimos a qué le ponemos atención, qué significado le damos y qué haremos al respecto. Por lo tanto, entender nuestras propias emociones y las de nuestra pareja es vital para lograr una relación estable.

El control de nuestras emociones

Las emociones regulan nuestros pensamientos y nuestros comportamientos según una serie de pasos: mi enfoque, mi interpretación y mi reacción. Las diferencias en las relaciones son frecuentes y naturales, por ello es importante darle el enfoque, interpretación y reacción correctas. Controlar lo que sentimos emocionalmente significa controlar nuestra vida, sabernos responsables de las decisiones que tomamos y por lo tanto, de lograr la vida que queramos. Si el enfoque que tengo sobre mi pareja es que "no es la persona correcta", mi interpretación será que "me equivoque en la elección", por lo que mi reacción será "no hay nada que pueda hacer, no resultará"; Al contrario, si el enfoque que tengo sobre mi pareja es que "es la persona correcta", mi interpretación será que "hice una buena elección, aunque enfrentamos dificultades", por lo que mi reacción será "podemos trabajar en la relación para ser felices". Todo es cuestión del enfoque que le damos a las situaciones.

¿En qué me enfoco?

Durante el día, todos estamos expuestos a diferentes estímulos, sin embargo, solo uno llama nuestra atención y entonces nos enfocamos. Usualmente, el enfoque proviene de circunstancias urgentes o importantes en nuestra vida, cosas que debemos resolver en ese momento por ser prioridad en nuestro trabajo o en nuestra familia. ¿En qué estamos enfocando nuestra vida en este momento? ¿En los hijos? ¿En nuestro trabajo? ¿En nuestra pareja? ¿En los amigos?

Si nuestra vida está enfocada en el trabajo, el dinero, los estudios, los amigos, pero no en la relación, ya tenemos la posible causa del problema. Nuestra vida se basa en aquello a lo que le prestamos atención y enfoque, así que no es cierta la creencia de que podemos enfocarnos en varias cosas a la vez. Podemos hacer varias cosas y hacerlo de forma intercalada, pero no al mismo tiempo. En este momento, lees el libro, por lo que tu enfoque se concentra en leer y entender los conceptos que te comparto, por lo tanto, sería muy difícil continuar leyendo mientras respondes una llamada telefónica o ves la televisión. Si tenemos un problema en nuestra relación, lo natural será que nos enfoquemos en ello para solucionarlo. Si tenemos un problema y no nos enfocamos en la relación, posiblemente estamos negando su existencia o nuestra capacidad para solucionarlo. En ambos casos, simplemente permitirás que el problema crezca con el tiempo.

¿Cómo lo interpreto?

Sin importar en qué nos enfoquemos, en el momento que lo hacemos, le damos inmediatamente un significado emocional a los acontecimientos y somos capaces de definir si nos provocan tristeza, dolor, cólera, vergüenza, sorpresa o alegría. La forma primaria de interpretar las emociones es como buenas o malas. Entonces, luego de tener claro en qué nos estamos enfocando en la vida, debemos considerar qué interpretación le daremos. Si todo lo que hace nuestra pareja recibe una interpretación negativa de nuestra parte, si pensamos que todo lo que hace es malo, interesado o mal intencionado, seguramente cualquier cosa que haga será juzgada duramente, lo cual no es justo ni para ella ni para ti, porque te niegas la posibilidad de solucionar los conflictos tan solo por mal interpretar lo que sucede.

Cuando le damos significado a una emoción, automáticamente cambia nuestra fisiología, según le demos un significado positivo o negativo. ¿Solemos ver los problemas de la relación como oportunidades o como dificultades imposibles de resolver?¿Creemos que estos problemas le darán fortaleza a la relación o la debilitarán? ¿Creemos que podemos comprender y apoyar a nuestra pareja y a nuestros hijos o nos parece una tarea imposible? ¿Creemos que podemos dominar las circunstancias que afectan nuestra relación o nos hemos dado por vencidos?

Creo que todos conocemos personas que siempre interpretan las cosas bien y otras que siempre interpretan las cosas mal, y te aseguro que no es difícil saber quién vive más feliz, porque la persona positiva siempre ve los problemas como oportunidades para mejorar, mientras que la persona negativa siempre ve los problemas como el fin del mundo, como motivo suficiente para darse por vencido y dejar de buscar soluciones para alcanzar sus metas. ¿Qué tipo de persona te consideras? ¿Crees que puedes cambiar tu enfoque e interpretación para ser feliz con tu pareja?

¿Cómo reacciono?

En el proceso por el cual nuestras emociones regulan nuestra conducta, vemos que luego de enfocarnos en algo e interpretar la situación, tomamos acción respecto a lo que sucede. Si nuestra interpretación fue sentir tristeza, lloraremos; si fue de enojo, pelearemos; si fue de miedo, escaparemos, etc. En las relaciones, una misma situación puede provocar diferente enfoque, emoción y reacción en las personas. Una decepción tal vez provoca que uno de los dos se aleje, mientras en el otro provoca acercamiento para saber qué sucedió o cómo puede arreglarse la situación. Y esto no implica que uno ame más o le importe más que al otro, simplemente somos diferentes, por lo tanto, reaccionamos diferente. Somos personas de hábitos, por lo que debemos tomar consciencia de cómo reaccionamos usualmente en nuestra relación, ya que una vez que hemos desarrollado un patrón, es difícil cambiarlo sin importar que la situación sea totalmente nueva o diferente. ¿Cuál es nuestro patrón en la relación? ¿Cómo reaccionamos usualmente? ¿Nos damos cuenta de que nuestra reacción es la misma aunque la situación cambie?

Usualmente, nos predisponemos con nuestra pareja y asumimos que no importa qué hagamos, siempre tendremos el mismo resultado. Es cuando decimos: ¡Siempre es lo mismo! ¡Esta historia no cambia! Quizá sea el momento de reconocer que estamos predispuestos a una reacción automática: ¿Reaccionamos a la ofensiva o a la defensiva? ¿Escuchamos a nuestra pareja o no la dejamos hablar? ¿Solemos ceder o quitar? ¿Tendemos a comprender o más bien pedimos que nos comprendan? Si no cambiamos nuestra predisposición hacia las acciones de nuestra pareja, será muy difícil que notemos los cambios que se esfuerza por realizar para mejorar la relación, por lo que invariablemente pensará que "no importa lo que haga" no lo reconocerás y tarde o temprano se dará por vencido.

Es importante señalar que hay personas que no poseen un rango amplio de emociones y acciones. Debido a que el proceso de desarrollo personal es único, hay quienes, sin importar qué tipo de evento ocurra en la vida, se inclinarán a sentir aburrimiento, tristeza, enojo, decepción, etc. También conocemos a personas que sin importar qué les pase, siempre tratan de ser optimistas y buscan superar cada obstáculo que se les presenta.

Esto se debe a que cada uno de nosotros hemos desarrollado un patrón de conducta basado en nuestra interpretación de las experiencias previas, lo que simplemente nos limita a ver las cosas de forma diferente. Sin embargo, como ya vimos, esto se puede revertir cuando decidimos cambiar aquellos valores y creencias que aprendimos hace mucho tiempo y que ahora nos perjudican. Por supuesto, es vital que apliquemos todo esto en nuestra relación. Debemos recordar que solo tenemos poder sobre nosotros mismos, por lo tanto, tenemos el poder de vivir la relación que queremos, una vez cambiemos las emociones, las creencias y las actitudes que impactan de forma negativa en nuestra relación. En resumen, depende de nosotros cómo queremos sentirnos con nuestra pareja.

Nuestras relaciones pasadas no deben determinar nuestras relaciones presentes. En búsqueda de la felicidad, somos capaces de cambiar para bien los argumentos de vida negativos que hemos aprendido.

CAPÍTULO 6

¿Realmente nos comunicamos?

El aspecto irracional de nuestras emociones

Comunicamos mensajes a través de lo que decimos y de lo que no decimos. El tono de la voz, nuestro lenguaje corporal y mirada comunican, todo el tiempo, lo que sentimos y pensamos. Aún cuando no queremos comunicar algo… estamos comunicando.

El significado e importancia que les damos a las situaciones depende de nuestro punto de vista. Dado que nuestra forma de ser ha sido influenciada por el temperamento y el carácter, el significado sobre algo puede tomar muchos matices, y mientras para unos la situación planteada puede ser un problema, para otros simplemente es un nuevo reto. En una relación, pasa exactamente lo mismo. Por ejemplo, para el esposo, salir con sus amigos puede ser de lo más normal del mundo, mientras que para la esposa es una muestra de rechazo porque en lugar de estar con sus amigos, él debería compartir más con ella y con sus hijos. Por otro lado, si la mujer es la que sale con sus amigas, el hombre podría molestarse porque "su lugar está en la casa" cuidando de los hijos.

El hombre puede decir que necesita espacio con los amigos para despejarse del trabajo y de la familia, pero que la mujer simplemente no necesita ese espacio porque ella no tiene tantas ocupaciones y presiones como él. Obviamente, la mujer podría pensar totalmente diferente, lo cual ocasionará un conflicto, que puede ser abierto y hablado, o bien, oculto y callado. En ambos casos, esta divergencia tendrá repercusiones en la relación.

Otro ejemplo se da cuando la mujer le otorga importancia al tiempo que compartirá al final del día con su pareja, mientras que el hombre espera tener un espacio tranquilo y en solitario para relajarse. Ella obviamente necesita hablar, compartir su día y comunicarse con su esposo, mientras que él simplemente quiere desconectarse del mundo y descansar. Es importante que los hombres entendamos que esta necesidad de compartir con su esposo es básica para la mujer y que debemos dedicarle el tiempo necesario para que ella sienta que puede desahogar sus emociones.

Obviamente, la comunicación de la pareja también impacta al resto de la familia de forma directa. Lo que muchos padres no sabemos es que un conflicto no resuelto se percibe naturalmente por los hijos, quienes tratan de solucionarlo a su modo y desarrollan comportamientos anormales con la intención de que sus padres se unan de alguna forma para solucionar el problema. Cometemos el error de pensar que nuestros hijos no se dan cuenta de las situaciones; sin embargo, son tan inteligentes y perceptivos que lo expresan de diversas formas, porque esperan que sus padres logren acuerdos y les brinden la atención que necesitan. En mi experiencia he encontrado jóvenes que incluso se sienten culpables porque sus padres continúen juntos, ya que perciben que no se separan solo por ellos y desarrollan cargos de consciencia, pues quieren verlos felices.

Así que de ahora en adelante, cuando nuestros hijos muestren síntomas como rebeldía, mojar la cama, algún dolor corporal repetitivo, aislamiento, pérdida o aumento de peso anormal, bajo rendimiento en los estudios, no querer ir a la iglesia, etc., antes de pensar en llevarlos con el doctor, sería bueno que pensemos si el problema no es una forma de buscar que nos "re encontremos" con nuestra pareja y apoyarlos.

Al hablar de comunicación podemos referirnos a la directa y a la paradójica. Obviamente la comunicación directa es la mejor, pues no hay contradicciones ni suposiciones por parte del receptor. Un ejemplo de comunicación directa puede ser: "Por favor, escúchame, necesito platicar contigo sobre algo importante". Sin embargo, muchas veces en las relaciones utilizamos la comunicación paradójica, decimos algo con la intención de que su significado sea otro, o bien, en la misma expresión emitimos una contradicción del mensaje.

Veamos este ejemplo. Una expresión muy utilizada de los padres hacia los hijos es: "Haz lo que se te dé la gana". Aunque sabemos, por experiencia, que esta expresión significa que si hacemos lo que realmente queremos, las consecuencias podrían ser negativas. Recordemos, cuando le decimos a nuestra pareja: "Quiero que seas espontáneo con tus demostraciones de afecto". ¿Acaso no le estamos dando una orden indirecta? ¿Y si tenemos que ser espontáneos, no es más por la solicitud de nuestra pareja que por nuestra propia voluntad? Es por ello que se le llama comunicación paradójica, porque el mensaje que deseamos transmitir es exactamente lo contrario a lo que decimos, así que sin importar cuál sea la respuesta a la solicitud, siempre será insatisfactoria.

En la comunicación de pareja es muy importante ser asertivo, decir las cosas abiertamente, en un ambiente de confianza, sin ofender ni ser ofendido, buscando una solución satisfactoria para ambos, sin caer en una comunicación pasiva (no decir nada) o agresiva (decir las cosas ofendiendo a los demás).

Ejemplos de comunicación no asertiva en las relaciones:

"El tiempo lo arregla todo".

"Mejor me callo para evitar conflictos".

"Es mejor aguantarme, porque si le digo lo que pienso es problema".

"Si lo agrado y complazco... me va a querer".

"No tengo por qué pedirle nada, si me conoce y me quiere, debe saber lo que me pasa".

"La próxima vez que me levante la voz, le diré que no voy a tolerar más sus gritos".

"Si para que mi pareja sea feliz yo tengo que ser infeliz... así lo haré".

"Aquí las cosas se hacen como yo quiero y cuando yo quiero".

"Si quiere así bueno, y si no... también".

"Me trata mal y me hace de menos... pero sé que en el fondo me quiere".

"Todas las relaciones son iguales y por ello debo resignarme".

Algunas armas y escudos que utilizamos en la comunicación

El sarcasmo es una de las armas comunicacionales más destructivas. A diferencia del miedo, la violencia o la amenaza, esta arma puede parecer benigna, pero con el tiempo, realmente es muy destructiva. Usamos el humor, que debería ser una gran cualidad, para hacer sentir insignificante a nuestra pareja. Expresiones como: "Es muy buena para hacer dieta hasta que tiene la comida enfrente", "está determinado a hacer ejercicio, lo único que falta es que empiece", no logran más que lastimar a nuestra pareja.

Criticar es una forma de llamar la atención de la pareja sobre sus defectos, enfocándonos en lo negativo, en lugar de resaltar lo positivo. Es importante que las mujeres comprendan esto:

la crítica es una de las armas más efectivas para alejar a tu esposo, debido a que su ego es muy débil. Recuerda que el hombre busca el reconocimiento de su pareja. Si no estás de acuerdo con algo, intenta otra forma de cambiarlo que no sea la crítica, de lo contrario, será muy difícil que obtengas el resultado esperado. Esto aplica también para nuestros hijos, ya que criticarlos suele ser una profecía para el futuro. Decirles: "No eres bueno para matemáticas", "no eres bueno para los deportes", prácticamente es motivarlos a que incorporen esa idea a su personalidad y crezcan pensando de esa forma.

Lo mismo pasa con nuestra pareja cuando le decimos: "Eres una irresponsable con las tareas de la casa", "no sé para qué trabajas tanto si nunca tenemos dinero suficiente", "eres muy aburrido", "eres demasiado rígida con los niños", "eres mediocre, nunca aspiras a más", etc. Muchas veces la crítica, más que una verdadera intención de herir, es un mal hábito, además de un esfuerzo infructuoso, ya que rara vez logramos algún cambio de comportamiento.

En ocasiones, cuando somos víctimas de una persona que nos critica, involuntariamente alentamos ese comportamiento pues solemos reaccionar de una forma predeterminada. Quien nos critica, espera un tipo de respuesta específica, la cual es contra atacar, creando una espiral de ofensas, hostilidad, enojo y dolor que se puede evitar. Sin embargo, es muy probable que si encontramos el patrón negativo de respuesta en nuestra comunicación y lo cambiamos, confundamos a nuestra pareja porque no obtiene el resultado esperado. Así que lo mejor es buscar una comunicación abierta y sincera, sin críticas.

La generosidad también puede ser usada como arma negativa, ya que puede alimentar resentimiento. El acto generoso define a una persona como "superior", entonces, quien recibe esa generosidad se siente automáticamente "inferior", dado que se le ubica en una posición de necesidad. La mejor forma de atacar el resentimiento es la práctica regular de la gratitud, lo que invariablemente incrementa la felicidad.

En las relaciones, la generosidad puede incomodar mucho cuando luego se reprocha. Por ejemplo, si el esposo le dice a la esposa: "Dale gracias a Dios porque acepté tener a tu madre en nuestra casa", o bien, cuando la esposa le dice al esposo: "Si no fuera por mí, no tendrías quién te cuidara porque a tu familia no le importas". En ambos casos, aunque la intención sea buena, expresarla de esa forma deshace lo positivo que se ha construido en la relación con nuestra pareja.

Es importante recordar que en las relaciones es fundamental la comunicación ya que nos permite interactuar y provoca una influencia directa sobre el otro. Cuando la comunicación es negativa, se genera el uso de diversos mecanismos de defensa cuyo objetivo es preservar nuestra identidad. Por ejemplo, usamos la negación: "Yo no soy alcohólico, solo bebo algunos tragos socialmente". También usamos la proyección: "Yo no soy enojado, tú lo eres". Algunos usamos la regresión: "Si me dejas, voy a llorar como un bebé". A esto es lo que la psicología le llama influencia indirecta, tratar de regular la vida interior de otra persona para preservar la nuestra. Por supuesto, lo recomendable es buscar una comunicación positiva que considere el crecimiento de la otra persona y de la relación.

Generalmente nuestro modelo de educación se sustenta en decirnos qué somos, pero pocas veces nos enseñan cómo serlo. Los padres podrían decir: "Tú eres malo", y nosotros adoptamos este papel, sin que nos enseñen a ser malos. Este es el mismo proceso de los hipnotistas. Ellos no dicen: "Te ordeno que sientas frío", sino que dicen: "Hay frío". Hay que señalar este punto, ya que mucha de nuestra comunicación en las relaciones se hace en forma de hipnotismo, con lo que obtenemos aquello que estamos rechazando.

Cuando una esposa le dice a su esposo: "Eres insensible", le está enseñando, sin querer, a ser de esa forma y con el tiempo, él asumirá dicho papel. Lo mismo pasa con los hijos cuando decimos: "Yo trato de que mi hijo tenga amigos, pero es muy tímido", o bien: "Mi hija nunca escucha". Estas frases de los padres acerca de sus hijos, sin importar qué tan bien intencionadas sean, solo reforzarán la conducta indeseable. Ahora pensemos un momento: ¿Qué tipo de expresiones utilizamos con nuestra pareja o hijos que, inconscientemente, refuerzan los comportamientos nocivos? Debemos aprender a hablar sobre las conductas y no sobre las personas ya que esto solo los pondrá a la defensiva. Cuando nos comuniquemos, seamos asertivos y positivos, para que la persona sea receptiva al mensaje que intentamos compartir y a nuestras expectativas.

El poder de las expectativas

El estudio de este fenómeno inició con varios experimentos psicológicos hace 50 años. Los resultados fueron y siguen siendo concluyentes: obtenemos algo muy parecido a lo que esperamos. Cuando pedimos un aumento de sueldo con la expectativa de que no lo conseguiremos, hay altas probabilidades de que así será.

Cuando las personas tienen bajas expectativas, usualmente la vida nos ofrece bajos resultados, pero cuando tenemos altas expectativas, generalmente nuestros resultados mejoran. Al tener altas expectativas de un atleta, de un estudiante, de un hijo o de un socio, los impulsamos a obtener el mejor resultado. ¿Por qué? Porque tendemos a influir sobre su comportamiento, para bien o para mal, ya que las personas, en general, buscan llenar las expectativas que se tiene de ellos para afianzar su identidad. Por lo tanto, es muy recomendable tener siempre las más altas expectativas de nuestra pareja, ya que esto la impulsará inconscientemente a cumplir con lo que esperamos de ella.

Durante años, he tenido la oportunidad de trabajar con muchachos que han integrado maras, esas pandillas de jóvenes, hombres y mujeres, que roban, extorsionan, secuestran, trafican drogas y asesinan, y lo que encuentro es siempre el mismo patrón: jóvenes que han crecido con padres ausentes o adictos. El resultado es que se desarrollan en un ambiente sin oportunidades de educación o de superación, por lo que tienden a repetir los mismos modelos aprendidos. Para suplir sus necesidades de conexión, importancia o seguridad, se involucran en estos grupos que les ofrecen satisfactores a cambio de arriesgarse en actividades violentas y tarde o temprano, terminarán encarcelados. ¿Cuáles son las expectativas de estos muchachos? Muy simple: ¡No tienen! Solo les interesa sobrevivir cada día, hasta que los atrapen, es por ello que no temen matar o morir. Sin expectativas, no tienen nada que perder y nada por qué luchar.

Su forma de vivir refleja las expectativas que su ambiente les creó, y ellos simplemente actúan de cierta forma para llenar dichas expectativas. Una vez, un muchacho de estos grupos me dijo: "Nosotros vivimos en otro mundo, el de la sobrevivencia, en donde tenemos que matar o nos matan". Esa es la razón por la que problemas como este no se resolverán con más cárceles sino con más oportunidades de vida que generen un cambio de expectativas para ellos.

Compartí este caso de las maras, para que entendamos lo poderosa que puede ser la formación de una expectativa. Ahora pensemos en nuestra relación. ¿Cuáles fueron las expectativas sobre las relaciones que aprendí a temprana edad? Para mí, ¿es normal ser feliz o ser infeliz con mi pareja? ¿Considero que todas las relaciones tienden a morir o por el contrario son una gran oportunidad de crecimiento mutuo? ¿Las relaciones no cambian nunca o más bien, siempre evolucionan y pueden mejorar? Todas estas creencias pueden ayudarte a encontrar las fuerzas y la motivación para lograr una mejor relación o simplemente a dejarse vencer y aceptar ser infeliz.

Ejemplos de expectativas en una relación que pueden causar conflicto:

"El hombre trabaja y la mujer se queda en casa". Si la esposa tiene la expectativa de desarrollarse profesionalmente, se sentirá frustrada.

"El hombre mantiene el hogar económicamente". Si el dinero no es suficiente y a la esposa no se le permite trabajar, ambos se sentirán frustrados.

"La mujer es la encargada de la educación y el cuidado de los hijos". Si el esposo siente que la mujer no le dedica el tiempo necesario a los niños, se sentirá frustrado.

No basta con querer cambiar algo en nuestras relaciones con solo el cambio de nuestra conducta, también debemos cambiar nuestras expectativas y las de nuestra pareja, lo que implica tener expectativas más realistas, pero también más positivas, esperar que las cosas pueden cambiar para mejor, creer que el sentimiento está latente y que debemos fortalecerlo, creer que en ambos existe el impulso y la ilusión de que es posible tener una relación maravillosa, más humana, que permita el crecimiento de los dos porque toma en cuenta nuestros defectos y virtudes.

Si no existe este cambio de expectativa, por lo menos de una parte de la pareja, realmente será muy complicado avanzar. Pero si al menos uno de los dos tiene esa expectativa positiva, las probabilidades aumentan, ya que con el tiempo, la otra persona empezará a notar los cambios y a corresponder con nuevas actitudes.

El origen de los problemas

Como ya hemos visto, la mala comunicación es, en gran parte, el origen de muchas dificultades en las relaciones. Sin embargo, vamos a terminar esta parte hablando de dos áreas que suelen cubrir todo el espectro de problemas comunicacionales en la pareja.

Creación de expectativas

Uno de los errores más frecuentes en las parejas es suponer que las cosas cambiarán sin motivo. Cuando somos novios, solemos pensar que las cosas que nos molestan cambiarán cuando nos casemos, creando falsas expectativas. Los cambios se dan, únicamente cuando el problema se discute abiertamente, se evalúan opciones y se logran acuerdos. Ejemplos que vemos frecuentemente es cuando la esposa piensa que su esposo dejará de salir con sus amigos o será más responsable cuando se casen. También vemos que el esposo piensa que su esposa dejará de ser tan celosa o dominante cuando se casen.

Otra expectativa falsa en las relaciones es creer que el matrimonio es de dos personas y nadie se meterá en la relación. Olvidamos que ambos provenimos de familias que tienen y tendrán fuerte influencia en nosotros, que nuestra personalidad es fruto del ambiente familiar donde crecimos, por lo tanto, lo más sano es aceptar a la familia de nuestra pareja y mantener un ambiente cordial. Criticar a nuestra familia política es criticar la esencia de nuestra pareja, sus raíces y creencias, por lo que solo produce resentimiento.

Incorrecta interpretación de las acciones del otro

No tener una comunicación franca, directa y abierta provoca irremediablemente la creación de expectativas erróneas. Pensar, creer o interpretar cosas sin tener una base fundamentada, nos lleva a tener pensamientos o asumir situaciones irreales. El problema en estos casos es de ambas vías, tanto de la persona que no fue explícita en su comunicación, como de la persona que creyó entender y no preguntó para asegurarse de que tenía clara la información.

Veamos este caso real: La esposa llama a su esposo por la tarde para ver cómo ha estado su día y le pregunta: "¿A qué horas sales de la oficina?" El esposo le contesta que el día ha sido cargado, pero que espera terminar sus tareas a las seis de la tarde. Terminan la conversación y la esposa se queda con la expectativa de que su esposo llegará en cuanto salga de la oficina. Sin embargo, son las nueve de la noche y no aparece, por lo que ella primero se inquieta y después se preocupa. Lo llama a su oficina, pero nadie contesta, él está en la sala de reuniones, y en recepción ya no hay nadie. Cuando la esposa intenta comunicarse al celular, la llamada entra a buzón de mensajes. Finalmente, ella se enoja porque su esposo no aparece, no ha tenido noticias y él tampoco se ha preocupado por llamar.

Mientras tanto, el esposo estaba por terminar su día de trabajo, cuando su jefe lo llamó a una reunión de último momento porque viajaba al día siguiente, por lo que él no tuvo otra opción. Cuando quiso mandarle un mensaje de texto a su esposa para avisarle, se dio cuenta de que su celular se había quedado sin batería. Termina la reunión y el esposo se va cansado a casa, molesto porque llegará nuevamente tarde y los hijos ya estarán durmiendo. Al llegar, encuentra a su esposa enojada y pidiendo explicaciones por su llegada tan tarde y porque el celular estaba apagado. ¿El resultado? Una fuerte discusión entre una esposa que se siente traicionada, ya que la falta de información la hace pensar que su esposo está haciendo cosas a escondidas, y un esposo que se siente poco apoyado en su trabajo y enfadado por la falta de confianza. ¿El origen? Una incorrecta interpretación de las acciones del esposo. Como ambos están ofendidos, ninguno intenta comprender al otro. Si analizas este caso, te puedo asegurar que muchos de los problemas en tu relación encuentran su raíz en una de estas dos formas de pensar sin fundamento. Para concluir esta parte, déjame compartirte algo que puede ayudarte a entender a tu pareja.

¿Qué es lo que ella espera? Muchos hombres pensamos que la esposa necesita ser escuchada, recibir detalles y cuidados para sentirse importante. Todo eso está muy bien, sin embargo, son solo algunas formas de proporcionarle lo que, al final, realmente necesita: **sentirse la persona más importante y querida para su esposo.**

¿Qué es lo que él espera? Muchas mujeres piensan que el esposo busca apoyo, cuidado, confianza y atención para los hijos, entre otras cosas. Todo esto es correcto, pero son solo algunas formas de proporcionarle aquello que realmente necesita: **sentirse reconocido y valorado por su esposa.**

Ahora que hemos entendido claramente qué es la comunicación y su importancia para las relaciones interpersonales de cualquier tipo, podemos concluir que:

1. La comunicación debe ser siempre en dos vías.
2. La comunicación asertiva es la que reconoce que las dos personas tienen derecho a su propia opinión y que se puede compartir sin agredir y sin faltar el respeto.
3. Cuando la comunicación se utiliza para resolver los problemas y no cambiar a las personas, se convierte en una herramienta muy útil en la relación.

4. Para comunicarnos eficazmente, debemos ser congruentes con lo que decimos y hacemos. Decir una cosa y hacer otra es mortal para la comunicación eficaz.

5. En las relaciones, la comunicación debe ser expresada de varias formas para que las personas no solo sepan sino que sientan que se les quiere. La mujer debe sentirse la más importante del mundo y el hombre el más reconocido del mundo. Solo decírselo o solo demostrárselo a nuestra pareja… no basta.

CAPÍTULO 7

Empecemos en nosotros el cambio que deseamos en otros

Antes de lograr un cambio real en nuestras relaciones, debemos empezar por conocernos y aceptarnos. Solo identificando las creencias y conductas personales que nos provocan dolor y que provocan dolor en quienes nos rodean, podremos ser capaces de cambiar. Como ya hemos visto, lo que llamamos "nuestra identidad" no es más que el conjunto de habilidades que hemos desarrollado, cómo nos relacionamos con otros, en qué nos enfocamos habitualmente y la forma como deseamos que las personas nos perciban.

Todo este conjunto de pensamientos, actitudes y creencias son el resultado de nuestras decisiones pasadas y presentes, es decir, somos lo que hemos definido ser desde hace mucho tiempo. Estas decisiones se han arraigado tan fuertemente en nosotros, que se nos hace difícil pensar que no somos lo que somos, sino lo que creemos que somos. Decirle a una persona que puede ser más flexible y menos rígida le puede parecer inconcebible, ya que se ha creado por tanto tiempo esa imagen que simplemente responderá: "Es imposible, yo así soy". Por eso, es difícil vernos de forma diferente y hacer los cambios reales que queremos. Entonces, ¿es posible cambiar las decisiones que tomamos hace años y que nos han constituido en lo que somos? ¡Por supuesto que sí! Como ya vimos, la clave es recordar y entender por qué asumimos dicha conducta y qué beneficio nos brindaba. Luego, debemos evaluar si realmente esa decisión clave está vigente en nuestra vida y si nos trae los beneficios que pensamos o quizás nos está amarrando a algo.

Nuestra identidad no es lo mismo que el rol que desempeñamos en las diferentes facetas de la vida: padre, hijo, esposo, deportista, profesional. Nuestra identidad se refiere al modelo que tenemos del mundo y cómo, a través de nuestras acciones, satisfacemos o reprimimos nuestras necesidades básicas. La habilidad para tomar decisiones es lo que nos permite cambiar viejas creencias por nuevas, lo que también nos llevará a una nueva etapa. Nuestra identidad es *totalmente personal*, y nos permite tener una imagen consistente de nosotros mismos en el tiempo. Sin embargo, es un proceso de búsqueda natural para toda la vida, ya que constantemente aprendemos de nuevas experiencias y estimulamos nuestro crecimiento y desarrollo. Si bien es cierto que eres quien eres desde que naciste… también es cierto que tu identidad ha variado. No eres el mismo ahora a cuando eras un niño y un adolescente, debido a que has incorporado nuevos aprendizajes en tu vida.

Retomar nuestra verdadera identidad

Hemos visto que muchas de nuestras creencias actuales están basadas en decisiones clave que tomamos a temprana edad y que posiblemente las decisiones que nos ayudaron en ese momento, ahora nos están limitando. ¿Quién dice que el hombre no puede ser vulnerable y sensible, y al mismo tiempo mantener su masculinidad? ¿Quién dice que una mujer no puede ser sexy y femenina si es una profesional de éxito?

El primer paso que debemos dar para realizar los cambios que queremos en la vida es retar nuestras creencias. Esto no quiere decir que deberíamos regañarnos, sentirnos mal o equivocados. Simplemente quiere decir que debemos recordar cuándo y por qué tomamos esa decisión en el pasado, para aceptarla como la mejor opción en su momento porque nos hacía sentir cómodos y seguros, pero que actualmente podría limitarnos para vivir con mayor felicidad, pasión, amor y conexión. Una vez que entendemos claramente por qué adoptamos esa forma de pensar, se nos hace más fácil entender que esa decisión, válida en su momento, hoy es obsoleta. Por lo tanto, es el momento de responsabilizarnos por ese cambio para adquirir una forma de pensar que sea más congruente con nuestra vida actual y que no perjudique a nuestra pareja o a nuestros hijos.

Esposo: Si creciste en un ambiente en donde los sentimientos y muestras de cariño no eran una práctica común, puede ser que siempre has sentido temor a mostrarte vulnerable y sensible con tu esposa. Cambia ese mecanismo de defensa que desarrollaste en tu infancia y muéstrate tal como eres, sin temor al rechazo.

Esposa: Si creciste en un ambiente en donde el amor que le expresabas a tu padre no era correspondido o estaba ausente, quizá desarrollaste el mecanismo de defensa de la distancia emocional y la autosuficiencia. Si por eso ahora reaccionas de forma estoica o con enojo, incluso con agresividad ante la crítica de tu esposo, es el momento de expresarle cuánto te ha lastimado esa herida tan profunda y cuánto deseas cambiar.

El miedo al cambio

Iniciar este proceso de cambio usualmente nos genera mucha ansiedad e inseguridad, lo que se convierten en miedo, ese sentimiento tan natural en nosotros y que surge a través de nuestros instintos de supervivencia más primitivos. Sin embargo, el miedo mal manejado puede limitarnos e impedir que vivamos plenamente. Es por ello que debemos entender de dónde proceden nuestros miedos para enfrentarlos de forma exitosa. El miedo es una reacción natural que nos provoca básicamente dos cosas: pelear o escapar. Según sea nuestra personalidad, ante un peligro inminente podemos llenarnos de valor y enfrentar la situación, salir corriendo y escapar o quedarnos paralizados.

Sin embargo, hay situaciones que no son de vida o muerte en las que actuamos con temor. En estos casos, el miedo usualmente proviene de dos factores:

a) Falta de información. Cuando enfrentamos una situación nueva, usualmente sentimos miedo ya que no tenemos una experiencia previa como marco de referencia para saber cómo actuar. Muchas veces, en lugar de buscar información que nos permita tomar la mejor decisión, solemos evitar el tema y lo aplazamos pensando que "se solucionará solo" o rechazamos el problema y caemos en un proceso de negación. Esta posición es frecuente a nivel personal y profesional. Por lo tanto, puede interferir con el reconocimiento de un mal hábito o de un problema que debemos resolver en nuestra relación. A nivel profesional, puede afectar en nuestro crecimiento o peor aún, provocar el estancamiento de nuestro negocio.

Expresiones como: "Realmente el problema no es tan serio", "hay parejas que están peor", "en todas las parejas es así", son un claro ejemplo de negación. Si de verdad queremos hacer cambios en nuestra relación, es primordial que aceptemos la situación y la posibilidad de mejorar, de lo contrario, no habrá poder sobre la tierra que nos mueva a realizar un plan de acción que nos permita superar las dificultades. El simple hecho de leer este libro es una clara señal de que reconoces que tu relación puede ser mucho más plena. Esta lectura significa que buscas información para tener nuevos o mejores marcos de referencia que te permitan dar el salto de una posible relación que se ha vuelto monótona o que enfrenta un conflicto, a una relación que permite la felicidad y el crecimiento de ambos.

b) Falta de carácter para enfrentar el cambio. Muchas veces damos el primer paso para adquirir más información, estudios o conocimientos sobre un tema con la finalidad de crecer y hacer los cambios que requerimos, sin embargo, ¿cuántas veces, luego de adquirir el conocimiento, no hacemos lo necesario para cambiar? Recuerda que entender no es aprender, ya que entender nos acerca al conocimiento, pero aprender implica poner en práctica esos conocimientos para crecer. Estoy seguro de que muchos de los temas que hemos repasado, no son desconocidos, entonces, ¿por qué no los aplicamos? Simplemente porque no hemos encontrado la fuerza de voluntad o la determinación para salir de esa zona de comodidad donde estamos protegidos del fracaso, pero también de la posibilidad de desarrollar todo nuestro potencial. Evitemos acostumbrarnos a ese estado de certidumbre que no exige ningún esfuerzo de nuestra parte.

Tener la fuerza de voluntad necesaria para salir de nuestra zona cómoda requiere visualizar claramente los beneficios que estos cambios traerán a nuestra relación. De lo contrario, será muy difícil sacar las fuerzas para intentarlo. El problema de esta etapa es que nadie más que nosotros mismos somos capaces de desarrollar la motivación para hacerlo, ya que es intrínseca, es decir, depende absolutamente de quien decide enfrentar el reto, de nadie más. Por lo tanto, es recomendable que nos enfoquemos en todas las ventajas y los beneficios directos que traerán los cambios que deseamos en nuestra relación.

Algunos podrían pensar: "Pero eso es egoísmo, no podemos pensar solo en nosotros". ¡Por supuesto que no! Este es un libro escrito para reconstruir o fortalecer las relaciones, por lo que el egoísmo no tiene espacio. Sin embargo, está claro que nadie da lo que no tiene, por lo tanto, como seres humanos imperfectos, no podemos ofrecer amor, paciencia y perdón si no lo tenemos para nosotros mismos. Cristo dijo: "Amarás a tu prójimo como a ti mismo"[1], lo cual tiene mucha lógica porque no podemos pretender que nos quieran, respeten y valoren, si nosotros mismos no nos queremos, respetamos y valoramos.

Pensar en lo positivo del cambio es la única forma de adquirir la determinación necesaria para sobrepasar cualquier obstáculo. Si nos enfocamos en todas las contrariedades y problemas que vendrán durante este período de transformación, es muy probable que nos quedemos en el intento y regresemos a nuestras antiguas y ya conocidas creencias y comportamientos.

Encontrar el perdón: el camino hacia la reconciliación

El perdón es componente esencial para iniciar un proceso de cambio en cualquier relación, especialmente en el matrimonio. Las parejas siempre cometeremos errores y es esencial saber cuándo y cómo perdonar, porque un matrimonio en el que antes había mucho amor puede arruinarse por resentimiento si se niega el perdón. Lo ideal es que se valore más la relación que el enojo, ya que es posible reencontrarse con el amor, al mostrar compasión y perdón. Conozco parejas que no han podido dar tan importante paso para reconstruir su relación, al ignorar que un momento de arrepentimiento, perdón y aceptación incondicional de ambos,

---

1.   Marcos 12: 18-34

puede cambiar su vida y darle un nuevo comienzo. A pesar de que es un proceso sencillo, asumiendo que hay amor, es importante que:

- La pareja reconozca que tienen un problema que no han superado y que su relación es más grande (humildad).
- La pareja reconozca que pueden volver al inicio (esperanza).
- La pareja reconozca que deben superar el miedo para ser plenamente felices (fe).

Aunque nos pueda parecer difícil de creer, ¡es así de sencillo!

La infidelidad es uno de los más dolorosos errores que una pareja puede enfrentar, ya que es un ataque a su esencia. Y aunque no se justifica, en algunos casos es una reacción en la relación y proviene de la insatisfacción de alguna de las seis necesidades. El primer paso para perdonar es entender cuál de las seis necesidades ha sido insatisfecha por parte de ambos.

La infidelidad es en algunos casos un síntoma de un problema mucho más grande que ha afectado a la relación y que necesita ser solucionado. Sin embargo, en lugar de entender el origen del problema, la persona ofendida se llena de resentimiento y egoísmo y trata de castigar al otro, lo que resulta en una relación lastimada que afecta a la familia completa, incluyendo a los hijos. Es entonces cuando algunos sustituyen el amor de su pareja por el amor de sus hijos, de tal forma que incluso llegan a sentir celos del amor que los hijos le expresan a quien fue infiel. Estas reacciones solo provocan división entre la familia y los hijos toman dos posiciones: a) se sienten responsables por los problemas, b) toman partido por uno de los dos. Los adultos debemos entender que los problemas de pareja son nuestros, y que al involucrar a los hijos les hacemos un grave daño para su vida futura. El amor de la pareja no se puede sustituir por ningún otro, es único, especial y diferente, por lo que pretender suplirlo con el amor de los hijos, los familiares o los amigos es una tarea inútil.

Aunque no enfrentemos una situación de infidelidad, pensemos por un momento en una decepción que hemos sufrido en la relación. ¿Hay algo que nuestra pareja hizo o no hizo que nos ha causado dolor? Ahora preguntémonos: ¿Nos hemos tomado el tiempo para entender todas las posibles razones por las cuales nuestra pareja actuó de esa forma? ¿Podemos entender qué necesidades trataba de satisfacer? ¿Qué creencias podría tener para actuar de esa forma? Todas las acciones que hacemos en la vida tienen una razón.

Cuando estamos decepcionados por la conducta de otra persona, tendemos a pensar que actuó motivado por la peor razón y esa postura, además de limitarnos, provoca más dolor, lo que puede llevarnos a pensar que nuestra relación no tiene solución, nos cerramos y caemos en estado depresivo o buscamos mecanismos de defensa. El problema es que una depresión o justificación podría, de alguna forma, ofrecer satisfacción de ciertas necesidades como seguridad, variedad, significado, amor y conexión, por lo que, sin darse cuenta, la persona ofendida podría acomodarse a esa situación. Sin embargo, esta forma de satisfacer sus necesidades no es suficiente a largo plazo pues quienes nos rodean se cansarán de estar pendientes de nosotros y cuidarnos todo el tiempo. Además, es una forma de asegurarse la infelicidad, porque en estado depresivo no satisfacemos las dos necesidades espirituales: crecimiento y contribución. Es obvio que estas reacciones son motivadas más por la emoción que por la razón, y si queremos solucionar el problema de forma sana debemos dejar a nuestro niño lastimado y buscar a nuestro adulto que nos hará entender el problema, aceptar la realidad y encontrar las posibles soluciones.

Muchas personas no aman porque tienen miedo de hacerlo, porque buscan seguridad en la relación y esto no existe, porque quieren controlar a la otra persona y no pueden, porque quieren que las hagan felices y no hacer felices, y cualquier decisión que se tome basada en el miedo es una mala decisión.

Es importante reconocer en este proceso de cambio que nuestras decisiones clave del pasado nos han lastimado y han dañado a quienes nos rodean. Por lo tanto, debemos perdonarnos a nosotros mismos y pedir perdón a las personas que hemos herido. A algunos nos cuesta más perdonarnos que perdonar a los demás, debido a que nuestras creencias limitantes, como pensar que somos perfectos, nos convencen de que no merecemos el perdón y que no somos dignos de reconciliarnos con nosotros mismos debido a que hemos fracasado como personas, que no valemos y que ni el mismo Dios nos perdonará.

Estas culpas auto impuestas y esta falta de perdón suele somatizase con enfermedades y padecimientos crónicos en el largo plazo o con baja autoestima. Algunas veces, este pensamiento viene de una falsa humildad y nos convierte en soberbios e inflexibles, ya que no aceptamos nuestra propia naturaleza, por lo que será difícil perdonar los errores de otros si primero no nos perdonamos a nosotros mismos.

También sucede que nos cuesta pedir perdón, ya que solemos creer que "todos están equivocados menos yo", o "que somos los ofendidos y las víctimas, por lo que siempre nos deben pedir perdón". Ambas posturas son síntomas de orgullo que pocas veces nos proporcionan los frutos esperados. Por ello, te comparto tres efectivos pasos para pedir perdón.

1. Aprecio: Expresemos aprecio y admiración por la forma en que otros nos han ayudado a crecer en las relaciones y han impactado en nuestras decisiones clave.
2. Disculpa: Pidamos disculpas por no haber vivido nuestro máximo potencial y por lo que esa conducta haya impactado negativamente a otros. Demostremos la disposición y habilidad actual para realizar los cambios que nos hemos propuesto.
3. Arrepentimiento: si descubrimos que las decisiones clave que tomamos en el pasado han provocado serios daños a las personas que nos rodean, es importante que mostremos un sincero arrepentimiento, determinación de nunca volver a hacerlo y deseo real de enmendar las acciones. Para que sea sincero, no debe requerir o condicionar nada de la otra persona.

¿Cómo sabemos que realmente nos hemos perdonado mutuamente? Cuando el tema se ha quedado en el pasado, dejamos de sentirnos ofendidos y nunca más volvemos a hablar de ello para hacer sentir mal al otro.

Ahora que hemos visualizado las nuevas decisiones y sentimientos que asumiremos en nuestra vida, comprometámonos a la acción, pensando cómo estos cambios traerán mejoras notables en nuestra relación. Digamos y hagamos cosas que nunca hemos hecho antes para afirmar nuestra nueva identidad. La respuesta a la pregunta: ¿Cómo empiezo de nuevo en la relación? Siempre es la misma: Perdonémonos a nosotros mismos y luego, pidamos perdón de corazón a nuestra pareja. El perdón es el primer paso necesario para empezar de nuevo.

Construir la confianza

Discutir entre parejas es natural y no debe tomarse como un síntoma de que la relación va mal. Para algunas parejas, discutir puede ser atractivo, mientras que para otras puede llevarlos al dolor y al resentimiento. ¿Qué hace la diferencia? La confianza. Cuando hay confianza, todo puede expresarse con apertura y la pareja puede objetar, incluso enojarse, sin hacer más grande el conflicto. Cuando el problema se ha resuelto, la pareja queda más fuerte, más en contacto mutuo y más comprometida con la relación.

Este es el momento de preguntarnos: ¿Cómo se puede aumentar la interacción positiva en la relación? ¿Cómo sobrepasar la frustración y el resentimiento de las discusiones? ¿Cómo llevar la relación al siguiente nivel? La respuesta a estas preguntas se puede resumir en una sola palabra: CONFIANZA.

Hay áreas de la vida que no controlamos y otras que realmente dominamos. Si la relación es sana, nunca tendremos el control, cuando mucho, podremos ejercer algún nivel de influencia. Si creemos que podemos tener control sobre nuestra pareja, tarde o temprano, nos decepcionaremos.

Si tenemos la expectativa de que nuestra pareja siempre va a hacer las cosas tal como queremos, nos encontraremos frustrados frecuentemente. Y si tratamos de presionar a nuestra pareja para que haga las cosas de la forma que no le gusta, se sentirá amenazada y se pondrá a la defensiva. Por lo tanto, debemos entender que presionar y controlar a nuestra pareja para que haga o diga lo que queremos, nos llevará invariablemente a una relación de miedos, decepción y tristeza.

El arte de construir y reconstruir la confianza

La confianza y el respeto son el fundamento de las relaciones y son absolutamente necesarios cuando se reconstruye o fortalece una relación de cualquier tipo. Una conversación sincera y profunda puede solucionar cualquier problema, sin importar su tamaño y cuánto tiempo lleve expuesto, ya que en esta se encontrará la verdadera causa del problema, la insatisfacción en una necesidad específica, y se podrá trabajar casi de inmediato una vez que se comprenda.

La confianza no se fortalece durante tiempos fáciles, sino que en momentos de dificultad y estrés. Durante momentos de crisis, nuestra lealtad, prioridades y compromiso se prueban, porque es el momento de dar un paso al frente, de enfrentar nuestros peores miedos, retomar la fortaleza y darle a tu pareja lo que necesita.

> El principio de confianza es simple: confiamos en las personas cuando sentimos que se preocupan por lo que necesitamos.

La confianza se construye en momentos cuando nos sentimos tentados a darle prioridad a nuestras necesidades y a dejar en segundo plano las de nuestra pareja. Por ejemplo: Si nuestra pareja nos pide que la acompañemos a algo que para ella es realmente importante y nosotros simplemente la ignoramos y preferimos ir a otro lado… nuestra pareja sentirá que no puede confiar en tener nuestro apoyo. No debemos perder la oportunidad de poner a nuestra pareja en primer lugar; esto creará un fuerte apego de confianza y amor en la relación, ya que nuestra pareja podrá experimentar, no solo saber, lo importante que es para nosotros, y actuará de la misma forma.

Veamos cinco pasos infalibles para construir o reconstruir la confianza con tu pareja. Si lo hacemos honestamente y buscando el reencuentro, los resultados están garantizados.

Paso # 1

Comprometámonos a crear la confianza y decirlo. Es importante que nuestra pareja lo escuche. Por ejemplo: "Te quiero y siempre cuidaré de ti sin importar qué suceda".

Paso # 2

Esforcémonos por crear una emoción auténtica que nazca del corazón. Respiremos profundo, pongamos la mano en el corazón de nuestra pareja y busquemos su mirada para expresar lo que queremos decir. En este momento debemos dejar de pensar, debemos sentir el problema desde el punto de vista de nuestra pareja.

Paso # 3

Compartamos, escuchemos y aprendamos. Digamos la verdad respecto a lo que sentimos y escuchemos a nuestra pareja sin tratar de arreglar o solucionar nada. Nuestra pareja puede expresar dolor, duda o decepción, sin embargo, debemos mostrarle con determinación amorosa nuestra intención de ponerla en primer lugar y honrar su amor. Si nuestra pareja asume una posición de ataque, simplemente está probando nuestra determinación y compromiso, así que sin importar lo que nos diga, démosle una respuesta amorosa.

Paso # 4

Desarrollemos juntos un futuro prometedor, alineando nuestra visión de pareja. En este paso, ambos debemos repetir nuestra declaración de amor y compromiso. Pensemos en cómo podemos crear una visión de futuro, teniendo en cuenta las necesidades de ambos.

Paso # 5

Terminemos siempre una conversación difícil con un acto de amor: un beso, un abrazo, una promesa o un recuerdo feliz. Si no podemos terminar con un acto de amor, no podremos tener éxito en construir la confianza, por lo que debemos repetir los pasos cuantas veces sea necesario.

CAPÍTULO 8

Los siete pasos para las relaciones exitosas

Estos pasos fueron desarrollados por A. Robbins, basado en el trabajo previo del Dr. Milton Erickson, quien generó nuevas ideas sobre cómo podemos comprender la dinámica de las relaciones interpersonales a través de metáforas, creencias, valores y el lenguaje propio de cada persona, con la finalidad de romper patrones y desarrollar nuevas posibilidades.

Está comprobado que el 80% de las terapias de pareja no funcionan ya que se enfocan en las cosas que no funcionan, las cosas que los separan y que son origen de problemas en la relación. Para que una terapia funcione, debemos enfocarnos en los aspectos que sí funcionan, que nos unen y que pueden servir para retomar el camino con el mismo amor del inicio. Antes de evaluar los siete pasos, es importante que en todo momento tengamos presente:

Para que se pueda construir una relación, debemos enfocarnos en lo que sí hacemos bien como pareja y nos une, en lugar de lo que hacemos mal y nos separa.

Paso # 1: Entender nuestros modelos de ver el mundo

Hasta ahora hemos aprendido que el primer paso para resolver un conflicto es cambiar el enfoque del problema hacia la necesidad insatisfecha que lo causa. Hemos visto las seis necesidades básicas que todos tenemos y buscamos satisfacer a través de diferentes vehículos. Para cambiarnos a nosotros mismos o a nuestra pareja, debemos entender la forma de ver el mundo, las creencias y los valores que nos producen emociones. No podemos apoyar a alguien en el proceso de cambio sin saber cómo funciona su sistema operativo. Para ello, debemos desarrollar lo que se conoce como empatía, que no es más que ponernos en la posición de la otra persona para entenderla mejor.

Aunque podría decirse que en las relaciones, más que ubicarnos en la posición del otro, la empatía requiere "meternos dentro del corazón del otro", de forma que podamos entender y sentir lo mismo que la otra persona.

Solemos creer que las personas piensan como nosotros, por lo tanto, deberían resolver los problemas como nosotros lo haríamos. Sin embargo, cuando aprendíamos sobre las necesidades, nos dimos cuenta de que hay tantas formas de ver el mundo como de satisfacer necesidades, y que para lograr los efectos que deseamos en nuestra pareja, primero debemos entender esta área de su vida. Además de las seis necesidades que nos diferencian, está la forma cómo percibimos y aprendemos del mundo: visual, auditiva o kinestésica, lo que amplía el rango de opciones a trabajar.

Si somos visuales, seguramente nos importará mucho cómo se ve nuestra pareja, si cuida su apariencia personal, si trata de verse bien para nosotros, etc. Si somos auditivos, quizá no nos importe mucho cómo se vea nuestra pareja, pues será más importante lo que nos dice y sobre todo, cómo lo dice. Las personas auditivas necesitan escuchar de su pareja un "te quiero", más que recibir un abrazo. Si somos kinestésicos, seguramente nuestro enfoque no estará en cómo se ve físicamente nuestra pareja o qué nos dice, ya que nos importará mucho más recibir un abrazo o un beso. El contacto físico es vital para sentirnos amados. Todos usamos las tres formas para percibir el mundo, pero tenemos una dominante, por lo tanto, somos más receptivos a ello.

Ante esta complejidad, ahora podemos entender claramente que el tener una buena relación no se puede basar solo en "amor y buenas intenciones", ya que hay elementos que a veces ignoramos, más allá de cada uno de nosotros, que nos permiten percibir de parte de nuestra pareja su amor y buenas intenciones.

Este entendimiento propio y esta empatía de nuestra pareja tiene tres niveles:

a) El individual:
   ¿Qué necesidades se valoran más?
   ¿Qué vehículos se utilizan para satisfacer las necesidades?
   ¿Cuál es el modelo del mundo?
   ¿Qué provoca alegría y dolor?

Estas preguntas aplican para cada uno en la pareja. Si el esposo valora más la seguridad y sentirse importante, mientras la esposa valora más el amor y la conexión, estamos hablando de dos diferentes necesidades. Si ambos consideran que el amor y la conexión son lo más importante, pero él usa el vehículo de decir y ella el de demostrar, también estamos hablando de formas de expresión diferentes. Si para el esposo el trabajo es igual de importante que la familia y para la esposa no, estamos hablando de diferentes modelos del mundo. Si para el esposo la pérdida de los ahorros familiares representa un reto y para la esposa representa dolor, estamos hablando de percepciones diferentes que causan emociones diferentes. Debemos entender que las necesidades, vehículos y modelos del mundo nos hacen únicos, por lo que no podemos pretender que nuestra pareja perciba la vida y los acontecimientos de la misma forma.

b) El de la relación:
¿Qué necesidades son satisfechas en la relación?
¿Cómo se satisfacen estas necesidades actualmente?
¿Cuáles son las reglas, implícitas o explícitas, de la relación?
¿Qué armas se utilizan habitualmente para alcanzar el objetivo?

Si el esposo tiene satisfecha su necesidad número uno, pero la esposa no, obviamente tendrán diferencias de criterio en cuanto a su nivel de satisfacción. Si las reglas de la relación no son acordadas y explícitas, sino que implícitas y unilaterales, habrá resentimiento en uno de los dos, lo que tarde o temprano provocará un punto de quiebre. Si para obtener lo que quiere, la esposa usa la seducción y el esposo la amenaza o el aislamiento, ninguno de los dos podrá negociar, pues sus intereses son diferentes. Una relación que no tenga marcos de conducta acordados mutuamente en cuanto a las reglas y necesidades a satisfacer entre ambos, es una relación que inevitablemente tendrá problemas.

c) Del sistema:
¿Quién se comunica y cómo lo hace?
¿Quién tiene el poder y cómo lo demuestra?
¿Cuál es la jerarquía en diferentes circunstancias?

Si el sistema de comunicación del esposo es evasivo y el de la esposa confrontativo, tendrán, además de los problemas de satisfacción, problemas de comunicación que impedirán acuerdos. Si el poder en la relación no es equitativo, habrá una lucha que ocasionarán roces. Por lo tanto, si no tienen jerarquías acordadas para solucionar temas específicos, será muy difícil lograr acuerdos en la relación y en la educación de los hijos. Así que ya sabemos en qué áreas debemos trabajar.

Este análisis nos permite descubrir que para hacer cambios importantes es determinante que comprendamos las necesidades de cada uno, las emociones y formas de ver e interpretar el mundo. Cualquier esfuerzo que hagamos sin detenernos a descubrir estas cuestiones, simplemente será improductivo y el único resultado que obtendremos será más frustración.

Paso # 2: La determinación que provoca acción

Ya hemos visto que todos podemos cambiar, pero hay que desearlo y estar dispuestos a hacer lo que sea necesario para romper nuestros hábitos y crear nuevas conductas. Debemos descubrir nuestros recursos emocionales, los de la pareja y los de la relación para resolver los problemas, cambiando las reglas y los vehículos que no nos funcionan.

Las personas queremos cambiar cuando nuestra experiencia no satisface nuestras necesidades. Si el dolor es poco, será también poco probable que realmente busquemos hacer algo al respecto; al contrario, cuando el dolor es intenso, nos decidimos a hacer algo, pero suele ser demasiado tarde. ¿Cómo evitar ese momento de rompimiento en la relación sin llegar al quiebre total? La mayoría de nosotros actuamos más por lo que vamos a perder que por lo que vamos a ganar.

Si nos inclinamos más hacia la acción cuando vamos a perder algo, debemos proyectarnos en el futuro preguntándonos: Si no cambio, ¿qué significará?, ¿quién saldrá herido?, ¿cuánto me costará en la relación? Debemos pensar en las consecuencias si no cambiamos para evitar que el dolor sea más fuerte que nuestro miedo a cambiar.

Si nos inclinamos más hacia la acción cuando vamos a ganar algo, debemos proyectarnos al futuro preguntándonos: ¿Cómo queremos nuestra relación en el futuro?, ¿cómo debería ser nuestra relación ideal?, ¿qué nos traerá más alegría, pasión y conexión con nuestra pareja?, ¿cómo sería nuestra relación si ambos sabemos que estamos dando lo mejor para amarnos y apoyarnos?

Muchas parejas deciden tomar acción cuando ya es demasiado tarde, ya que la acción implica acabar con el sufrimiento, con el dolor, con la ofensa o la humillación que han enfrentado durante tanto tiempo esperando que las cosas "se solucionaran solas". Es entonces cuando la única opción es terminar la relación. Si estás leyendo este libro y no has llegado aún a este punto, es importante que decidas actuar ahora mismo y realizar todo lo que esté a tu alcance para lograr recuperarla y llevarla a los niveles del inicio. Si no actúas hoy… quizá será demasiado tarde, aunque realmente nunca lo es cuando hay voluntad y deseo de rescatar la relación. Cuando estamos listos para el cambio, debemos utilizar todas las herramientas a nuestro alcance: entendimiento de las seis necesidades, los vehículos, los modelos del mundo y las formas de comunicación que utilizamos.

Paso # 3: Eliminar las conductas destructivas

Nos han hecho creer que no podemos controlar nuestras emociones, pero la neurociencia ha demostrado que cuando nosotros controlamos nuestra expresión corporal, nuestro enfoque y el significado que le damos a las cosas, es prácticamente imposible no controlar nuestras emociones.

Por ejemplo, la depresión es un estado en el que cierto lenguaje corporal, las circunstancias en las que nos enfocamos y la forma en que vemos el mundo generan en nosotros un comportamiento determinado. Sin embargo, podemos interrumpir ese estado en cualquier momento cuando cambiamos las cosas en las que nos enfocamos, cuando interpretamos de forma diferente los eventos y tomamos control de nuestro estado fisiológico. ¿Cómo se puede interrumpir un patrón depresivo? Cuando hacemos una pregunta desafiante, hacemos una broma, asustamos a alguien con algo, etc., inmediatamente la persona cambia su tríada, es decir, el estado personal que se compone de la fisiología, el enfoque y el significado que le damos a las cosas. ¿Has notado cómo reacciona una persona cuando se le asusta? Instantáneamente pone atención hacia el peligro (enfoque); su cuerpo se pone a la defensiva y su respiración se acelera (fisiología); y la forma de ver la vida cambia en menos de un segundo para centrarse en la supervivencia (significado). Por lo tanto, es posible cambiar nuestras emociones por cualquiera de los tres medios expuestos. Un cambio en nuestro pensamiento implica un cambio en nuestras emociones.

> No se trata de cambiar la emoción, se trata de cambiar el pensamiento, lo que nos lleva a modificar nuestra conducta y los resultados que obtenemos.

El proceso de cambio de conductas destructivas

Usualmente cuando tenemos una discusión típica con nuestra pareja el patrón es el siguiente:

a. Ella dice algo al esposo, convencida de que tiene razón.

b. Él lo interpreta como reclamo y se enoja ya que le parece totalmente injusto.

c. Ella se ofende por la poca comprensión de su esposo.

d. Él critica a la esposa como mecanismo automático de defensa.

e. Ambos pasan del problema actual a problemas del pasado.

f. Ambos elevan el nivel del tono y de las críticas.

g. Ambos pasan de la critica de la situación a la crítica personal.

h. Ambos se enojan y quedan heridos, no por la situación original, sino por la ofensa personal.

i. Ambos dejan la discusión sin haber solucionado nada y quedan resentidos.

Así como la persona en estado depresivo tiende a desarrolla ciertos patrones negativos, también nosotros podemos desarrollarlos en nuestras relaciones, ¡sin darnos cuenta! ¿Cómo sabemos qué patrones de conducta afectan a nuestras relaciones? Preguntémosle a nuestra pareja. Las respuestas que obtendremos pueden ser críticas o acusaciones, por ello, debemos cambiar nuestro "estado natural de comunicación", que es ponernos a la defensiva y crear una discusión que no nos llevará a ninguna parte. Lo que haremos de ahora en adelante será tener presente (enfoque) que esa crítica o acusación significa que nuestra pareja tiene una necesidad insatisfecha que cree que podemos llenar. En lugar de pensar como solemos hacerlo (significado): "Me está criticando, como siempre", démosle la interpretación que tiene realmente: "Debido a que le importo, está siendo honesta conmigo y con sus críticas o acusaciones, lo único que busca es que mejoremos nuestra relación". No es tan difícil como parece, simplemente tenemos que hacer nuestro orgullo a un lado.

Sé que inicialmente puede parecer difícil creer que la intención de la pelea no es tener la razón, sino reencontrarnos, por lo tanto, nos costará mucho cambiar el significado de lo que nuestra pareja dice. Pero créeme que si tu pareja te hubiera dejado de querer, ni siquiera se molestaría en decirte lo que siente o piensa de la relación. Simplemente, nos han enseñado, desde muy jóvenes, que la forma de expresar nuestro cariño cuando nos sentimos lastimados es criticar, acusar y condenar, en el esfuerzo por reclamar nuestro sentido de importancia. Este es el modelo que hemos aprendido y que tenemos que "des aprender".

Cuando los patrones habituales son interrumpidos, somos capaces de ver nuevas opciones.

Paso # 4: Definamos el problema pensando en la solución

Pensar en los problemas de forma negativa, lejos de motivar una solución, provoca que nos veamos como víctimas, como abusados o enojados. Solo es posible pensar en soluciones cuando vemos el problema desde una perspectiva diferente. Sabemos que cada quien ve una situación desde su ángulo personal, es por ello que ante igual acontecimiento, se reacciona de forma diferente. Mientras alguien ve un evento como problema, otro puede verlo como una oportunidad, dependiendo de nuestra personalidad, experiencias y aprendizajes.

Al definir los problemas podríamos encontrarnos con diferentes niveles de dificultad, dependiendo de nuestras habilidades únicas. Puede ser difícil resolver problemas de incompatibilidad, pero fácil mejorar la comunicación. Puede ser difícil resolver problemas de depresión, pero quizá sea más fácil resolver problemas de actitud. Puede parecernos muy difícil resolver el problema de poca atracción sexual o falta de cariño dentro de la relación, pero puede ser muy fácil empezar el camino simplemente satisfaciendo las necesidades primarias del otro.

Es por ello que muchas veces la ayuda de una persona externa puede contribuir mucho a que la pareja vea las cosas desde una perspectiva diferente, ya que un individuo neutral evalúa la situación de forma objetiva.

La forma de definir el problema es crucial
para ser capaces de resolverlo.

Paso # 5: Desarrollemos nuevas alternativas positivas

Solo cuando hemos roto los patrones de conducta destructivos y nos enfocamos en la solución, somos capaces de descubrir numerosas opciones que nos permiten cambiar. ¿Cómo? Pensando en formas de satisfacer nuestras necesidades y las de la pareja, lo que nos llevará a hacer cambios en decisiones clave respecto a valores, emociones, enfoque, creencias, comportamientos y estilos de comunicación.

Recordemos que no podemos cambiar o eliminar una conducta sin reemplazarla por otra que supere los resultados actuales. Para hacer la transición definitiva, debe estar claro el beneficio que obtendremos, de lo contrario, tarde o temprano, ante la ausencia de algo mejor, regresaremos a nuestros viejos hábitos.

Es muy importante que cuidemos nuestra forma de pensar, que estemos abiertos a nueva información y que no nos limitemos debido a falsas creencias, ya que si nuestra voz interna nos dice repetidamente algo, pensamos o actuamos de determinada manera, lo terminamos creyendo sin importar si es verdad o mentira. Este proceso al que se le llama encantación, puede favorecernos o perjudicarnos porque nuestra mente no reconoce la diferencia entre lo cierto y lo falso, simplemente lo procesa y almacena como una computadora para usarlo en el futuro cuando sea necesario. ¿Qué dice nuestra voz interna? "No soy inteligente", "no soy atractivo", "no merezco ser feliz", "mi relación es un caso perdido", "no puedo hacerlo". Podemos cambiar nuestras encantaciones por frases como: "Soy inteligente", "soy atractivo", "merezco ser feliz", "mi relación puede reconstruirse", "puedo hacerlo".

Enfoquémonos en una nueva y positiva forma de satisfacer nuestras necesidades y las de nuestra pareja.

Paso # 6: Condicionemos el nuevo pensamiento, emoción y acción

El siguiente paso es asegurarnos de que los cambios positivos permanecerán en el futuro, anticipando los obstáculos, soluciones y recompensas que obtendremos. Para ello debemos visualizar con nuestra pareja la nueva forma de vida y las conductas que tendremos ante el cambio de nuestras creencias. Debemos anticiparnos a los posibles obstáculos frente al nuevo enfoque positivo en la relación y acordar qué se hará cuando no se cumpla con lo acordado o qué tipo de recompensas se darán por hacerlo. En la medida que tengamos claras las expectativas del proceso que iniciamos, será más fácil evaluar si vamos en el camino correcto o no. Así pues, debemos sentarnos a dialogar con nuestra pareja y establecer un plan de acción claro y aceptado por ambos, teniendo en cuenta que los dos deben percibir el beneficio mutuo.

> Condicionarnos a no ser egoístas puede ser difícil,
> a menos que establezcamos acciones beneficiosas
> para nuestra pareja y para nosotros mismos.

Algunas veces, los hijos suelen ser suficiente motivación para trabajar en la relación y en los cambios acordados, ya que si bien es cierto que podemos perder la fe en nuestra relación, pensar que nuestros hijos pueden disfrutar de un ambiente estable y feliz que le sirva de ejemplo nos da la fortaleza necesaria. Entonces, establecer nuevos rituales puede ser una buena forma de reforzar nuestro estándar de vida y amor de pareja. Por ejemplo, son buenas prácticas el compartir en familia por lo menos una comida al día, tener tiempo equitativo y de calidad con los hijos, planificar tiempo para que la pareja comparta en intimidad, etc. Si en la relación no hay hijos, la motivación para trabajar en pareja debe provenir de nuestra propia autoestima, recordando que hemos venido al mundo para compartir una vida plena y en abundancia, no para sufrir sin sentido.

Paso # 7: Enfocarnos en un propósito mayor

Cuando hacemos grandes cambios o compromisos importantes, es vital que lo relacionemos con los beneficios que traerá a la relación para poder enfrentar los retos con responsabilidad, porque el proceso no es fácil. Por lo tanto, debemos preguntarnos: ¿Qué es lo realmente significativo que traerá a mi vida este cambio? ¿Cómo será beneficiada mi pareja, mis hijos, mis padres, mis hermanos? ¿Qué valores personales estaré cumpliendo con este cambio? ¿De qué forma estaré satisfaciendo mis seis necesidades básicas de forma permanente?

En la medida que tengamos una visión y entendimiento claro del beneficio que vamos a obtener con este cambio, será más fácil mantener el compromiso. Si no tenemos claro los beneficios que representan los cambios propuestos, dependeremos mucho de nuestra disciplina y motivación para lograrlo y en mi experiencia, estas dos habilidades tienen muy poca resistencia a largo plazo.

Los siete pasos maestros de las relaciones son principios generales para cualquier relación, sin embargo cada uno de estos requiere de soluciones específicas a retos específicos. Cuando entendemos cómo la otra persona ve el mundo (paso uno), podemos conocer las herramientas que ayudarán a nuestra pareja a realizar una acción (paso dos). Solo al entender de qué forma podemos provocar esa acción o reacción en nuestra pareja, realmente provocamos un cambio en el patrón de conducta y podemos hacer a un lado hábitos que destruyen nuestra relación (paso tres). En el momento que reconocemos una conducta negativa, la aceptamos y la hacemos a un lado, nuevas opciones se nos revelan, nuestra creatividad se despierta para encontrar mejores formas de actuar.

Pensemos en la última vez que solucionamos un problema. ¿Recuerdas que encontraste la solución cuando alguien te dio una perspectiva diferente o cuando consideraste otro punto de vista? Al tener ese nuevo enfoque, es posible replantear el problema y definir una solución (paso cuatro). Una vez hemos analizado las opciones y escogemos la mejor, según nuestras posibilidades, automáticamente definimos cómo ejecutar ese cambio de forma positiva (paso cinco). Después del análisis, la decisión se tomará en base a nuestras expectativas y recursos disponibles, por lo que contamos con la emoción suficiente y el poder de acción para ejecutar lo que acordamos (paso seis).

Luego de realizar todos los pasos, seremos capaces de crear un ambiente que nos motive y que nos impulse con determinación a alcanzar ese propósito superior que nos permitirá tener la relación que tanto deseamos y merecemos (paso siete). ¡Ánimo, es posible lograrlo!

CAPÍTULO 9

Los problemas más frecuentes en el matrimonio

El dinero

El dinero es la causa número uno de divorcios y se conecta con temas de libertad y poder. Los problemas financieros son realmente diferencias de valores. Para la esposa puede que el comprar una bolsa Prada sea una buena decisión, y para el esposo puede que comprar un ticket en primera fila para ver a su equipo favorito sea una buena inversión. Pero ¿qué piensa el otro al respecto? Como el dinero se relaciona con la supervivencia genera sentimientos de enojo, miedo o incertidumbre. Sin embargo, muchas parejas no hablan para nada respecto a este tema, y las que lo hacen, a veces no entienden las diferencias de percepción originadas en el seno de cada familia.

Entender cómo pensaba nuestra familia acerca del dinero es comprender nuestro estilo financiero personal. Entender cómo piensa la familia de nuestra pareja acerca del dinero es descubrir cómo piensa nuestra pareja respecto al tema. No existe una forma de pensar que sea la correcta, simplemente cada uno aprendió de un modelo diferente, aunque obviamente el despilfarro o la poca prevención no es un buen estilo de administración, sobre todo cuando toda la familia depende de ello.

El asunto del dinero debe ser tratado sobre la base del balance y no del control. Cuando uno de los dos es el principal o el único proveedor de ingresos, no debemos hacer sentir al otro como si tuviera que rogar porque le den el dinero necesario. En una pareja, ya no existe el tú y yo, sino que surge una nueva entidad que nos convierte en uno y se llama: nosotros.

A diferencia del siglo XX, en la actualidad, no es difícil encontrar a una mujer que gane más dinero que su pareja, sin embargo, aún existe el condicionamiento social de que si esto sucede algo no funciona bien. Nuestra perspectiva debe ser: ¿Ambos contribuimos de forma equitativa, más allá de quién aporta la mayor cantidad de dinero? Otra pregunta que debemos hacernos es: ¿Gastamos el dinero en cosas que reflejan lo que somos y que nutren nuestra relación?

Los matrimonios y el sustento de una familia implican muchos gastos como alimentación, renta, colegios, medicinas, etc. Por lo tanto, la flexibilidad en el uso de los ingresos es muy importante, además de tomar en cuenta que el balance de quién aporta más ingresos puede cambiar sin que esto represente un problema.

Debemos aprender a hablar abierta y francamente sobre nuestras formas de entender el dinero, ya que indudablemente es un factor importante para el sostenimiento de la familia. Sin embargo, muchas parejas se casan sin abordar el tema, lo que acarrea difíciles situaciones. No hay recetas para tratar este asunto, pues todo depende de cada pareja. Lo que sí importa es superar ese tabú y buscar acuerdos con los que la pareja se sienta cómoda y que conduzcan a un balance saludable.

En este tipo de problemas, el amor no basta como solución.

¡Se requiere de acuerdos presentes y futuros, aceptados por ambos en búsqueda del bien común!

El sexo

Si bien es cierto que una vida sexual placentera no garantiza una gran relación, también es verdad que una vida sexual poco satisfactoria puede provocar algunos problemas en la relación: hostilidad, indiferencia e infidelidad. Las personas que dedican tiempo a crear y mantener una vida sexual sana tienden a estar más conectados y padecen menos enfermedades. El sexo es tan importante para algunas personas, que incluso mantienen una relación con su pareja basada solamente en ello, sin darse cuenta de que otros aspectos como el dinero, los hijos, la confianza, el crecimiento mutuo, el apoyo y el respeto son insatisfactorios.

El sexo en las parejas es otro tema que no se habla abiertamente. Por ser considerado un tabú, generalmente preferimos hablarlo con amigos o amigas, o bien, mantenerlo en secreto, especialmente con nuestra pareja a quien evitamos comentar nuestras motivaciones y necesidades, cuando debería ser nuestro confidente, ya que es con quien vivimos nuestra sexualidad. La calidad de las relaciones debe priorizarse a la cantidad, debido a que no existe una cantidad definida como normal porque todo depende de las necesidades de ambos. Cada pareja debe establecer de forma natural su nivel de actividad sexual y aprender los límites en cuanto a la cantidad que funciona específicamente para ellos.

Mientras que para unas parejas las relaciones sexuales son un factor que los une, en otras parejas esa unión proviene de compartir metas, el crecimiento de los hijos o tener momentos de diversión, así que no debemos pensar en cantidad y compararnos con otras parejas. En lugar de enfocarnos en las relaciones del prójimo, enfoquémonos en nuestra relación, la más importante, única e irrepetible.

Debemos recordar que la calidad en la relación sexual va totalmente amarrada a la espiritualidad que se le otorgue y no es simplemente un acto de diversión o de satisfacción física, por lo que es muy importante la conexión más allá del plano físico. Debe prevalecer la satisfacción de ambos, para lo cual es necesario ser muy delicado en saber cómo los dos pueden alcanzar la plenitud. De lo contrario, las relaciones sexuales terminarán siendo una obligación o una costumbre, y más pronto que tarde caeremos en la rutina y el desinterés.

Las relaciones sexuales proveen conexión y sentimientos de intimidad, sin embargo, no son ni han sido la base de las relaciones como se pensaba antiguamente y mucho menos dependen solamente de los impulsos y necesidades del varón. Esta forma de pensar es fruto del machismo y por lo tanto, es obsoleta.

Para cerrar este tema, debemos entender que los hombres estamos programados para tomar y las mujeres para dar. Y esto es precisamente lo que pasa en las relaciones sexuales. El hombre quiere tomar a su esposa y la mujer quiere entregarse a su esposo, lo cual hace una gran diferencia porque el hombre quiere todo rápido, sin ceremonias, lo único que desea es lograr la victoria. En cambio la mujer, quiere *y necesita* un proceso diferente de romance y conquista.

Así pues, la queja de la esposa en cuanto a las relaciones íntimas es totalmente justificada, por lo tanto los hombres DEBEMOS aprender a hacer feliz a nuestra pareja. ¿Cómo? A continuación cinco aspectos vitales que el hombre debe considerar:

1. Romance: Dile a tu esposa cuánto la quieres y asegúrate de hacerla sentir lo especial que es para ti.

2. Caricias: A diferencia de los hombres, las mujeres necesitan sentirse acariciadas y mimadas. Recuerda que ellas integran todo.

3. Tiempo: Las mujeres necesitan más atención y dedicación que los hombres. demuéstrale tu amor con palabras y caricias, y dedícale todo el tiempo que necesite hasta que esté lista para la intimidad.

4. Privacidad: Los momentos de intimidad también requieren privacidad, de forma que tu pareja sienta que estás enfocado totalmente en ella y tu entrega es total.

5. Exclusividad: Como ya hemos visto, la mujer necesita sentirse lo más importante en la relación. Creo que no hay algo que predisponga mejor a tu pareja a tener intimidad contigo, que la convicción de que esa entrega es mutua y única.

Ser padres

Algunas veces la forma de educar a los hijos no concuerda entre la pareja, ya que, como hemos mencionado en otros temas, venimos de modelos familiares diferentes. Mientras que el hombre podría pensar que la mujer es muy permisiva, ella quizá piense que él es muy estricto o viceversa, pero ninguno considera que su modelo pueda ser perjudicial.

Aunque parezca extraño, es bueno para los hijos tener padres con puntos de vista diferentes. Así sucederá en su vida con los profesores, los jefes y los amigos, por lo que tendrán que aprender negociar. La mayoría de las parejas se integra por una parte permisiva y otra estricta, lo que no significa que uno sea bueno y el otro malo o que la autoridad se vea disminuida por el otro, ya que simplemente son formas diferentes de expresar su amor.

Las diferencias que realmente provocan problemas en la educación de los hijos son respecto a temas relevantes. Y contrario a lo que pensamos, nuestros hijos son muy inteligentes y rápidamente usarán nuestras diferencias para lograr confrontación entre nosotros y tomar ventaja de la situación. Por esa razón, la pareja debe enfocarse en acordar posturas para educar en valores, promover el respeto, la integridad y la necesidad de que nuestros hijos cuiden su vida, lo que se refiere a tener auto control para evitar las adicciones y la influencia de amistades nocivas.

Cuando los niños inician la etapa de la adolescencia es importante que dialoguemos con ellos para negociar acuerdos y permisos sobre aspectos clave para que no se sientan completamente atrapados. De esta forma, empiezan a sentirse parte de las decisiones y se comprometen con los acuerdos porque ellos participaron en definirlos.

Nuestros hijos deben crecer pensando: "Papá y mamá tienen opiniones diferentes, sin embargo son un equipo". Cierto nivel de desacuerdo es natural en las parejas y así lo deben entender los hijos para que al iniciar su propia relación en el futuro, tengan un marco de referencia saludable.

Al nacer los hijos, nuestra relación de pareja cambia naturalmente. Sin embargo, muchos hombres tienen dificultad con esto, pues quieren que su pareja tenga más tiempo disponible para atenderlos, además del que dedica a los hijos, lo que no siempre sucede porque la teoría de los apegos explica que las mujeres se enamoran de sus hijos dejando a un lado todo lo demás. Algunos hombres lo asimilan sin problema, pero otros no, lo que obviamente origina un conflicto que se convierte en un círculo vicioso, ya que el esposo siente que ha perdido a la mujer de la que se enamoró y ella siente que su pareja es incomprensiva y demandante. En este problema volvemos a la situación de las necesidades insatisfechas y lo que debemos hacer es reenfocarnos y despertar de nuevo el romanticismo, entendiendo cuál es la necesidad de nuestra pareja que requiere satisfacción.

Otro problema relacionado con ser padres es tener discusiones frente a los hijos y que a uno de los dos cónyuges pareciera no importarle. Las diferencias de opinión que provocan alguna confrontación deben resolverse a solas, pues a cada momento, a veces sin notarlo, modelamos conductas en nuestros hijos y lo mejor es darles un buen ejemplo para que lo adopten en la infancia y les ayude en su vida adulta. Estudios han revelado que los niños que crecen en hogares caóticos, tienden a tener problemas académicos, de relaciones personales y de autoestima.

Si tenemos problemas de este tipo, es el momento de aprender habilidades para discutir de forma constructiva. Vale la pena preguntarnos: ¿Estamos atacando el problema o a la persona?, ¿estamos enfrentando el problema actual o desenterrando el pasado?, ¿estamos escuchando o solo hablando?, ¿estamos en la posición de lograr acuerdos o en la típica de "yo gano, tú pierdes"?

La familia política

Relacionarse con la familia política puede causar mucho estrés. Al casarnos con una persona, también nos casamos con su familia. Esta realidad indiscutible puede generar situaciones conflictivas, por lo que es importante fijar las fronteras aceptables de su intervención en la vida de la pareja; determinar qué necesidades tendrán prioridad, si las de los padres o las de la pareja; la distribución del tiempo familiar, etcétera.

Muchas veces, lo primero que se nos ocurre es romper los

lazos con la familia, sin embargo, esto será contraproducente a mediano y largo plazo. En lugar de decir algo como: "No quiero a tu familia en nuestras vidas", debemos pensar en algo como: "Sé que son importantes para ti, pero también es importante para nosotros integrarnos como un equipo". Entonces, la prioridad será construir una relación más sólida como pareja, sin hacer a un lado a la familia.

Los problemas de este tipo pueden evitarse, pues son provocados dentro de la pareja, aunque parezca que son externos porque involucran a más personas. Por un lado, quizá uno de los dos no ha "cortado totalmente el cordón umbilical" que lo une a su familia y por ello, depende más de la opinión de sus padres que de la opinión de su pareja. La solución es aceptar su nueva situación como persona adulta que ha dejado a sus padres para iniciar una nueva vida con la persona que ama, asumir la responsabilidad de su papel como parte de una nueva entidad. ¿Cómo se logra? Creando un ambiente de confianza, donde él o ella sientan la protección y apoyo incondicional del otro.

Por otro lado, puede ser que la persona se sienta insegura y que no sea capaz de defenderse, por lo que en lugar de fijar su valor delante de los suegros, depende de la defensa de su pareja. La solución es mejorar su autoestima y dejar claro su valor delante de los suegros con el apoyo, no dependencia, de su pareja. Sin importar si es el hombre o la mujer, debemos recordar que el respeto no se exige, se gana, y toma tiempo adquirirlo.

Esta cuestión, como muchas otras, podría solucionarse con una comunicación franca y abierta. Debe existir la confianza suficiente para decir lo que les molesta del trato de su familia política y aceptar que fueron educados con costumbres diferentes, pero que eso no implica faltarse el respeto. Comprendiendo los sentimientos del otro, fácilmente es posible lograr acuerdos y el apoyo mutuo. Por ejemplo: "Entiendo que te molesta cada vez que mi madre dice: 'Te casaste con lo peor que pudiste encontrar', así que yo le responderé: 'por favor, no quiero escucharte hablar de esa forma sobre mi pareja' ". Esto dejará claro a los suegros que la prioridad es la pareja y que no se permiten faltas de respeto.

Una última recomendación sobre este tema: las mujeres tienden a compartir intimidades de su relación con otras personas más que los hombres, sin sentir que rompen la confianza, pero los hombres, usualmente consideramos esto como una invasión a la privacidad. Muchas veces, la mujer comenta sus sentimientos en una supuesta conversación privada, pero la persona en quien confía puede no considerarlo de esa forma y compartirlo. Para evitar estos problemas, es recomendable que tengamos ciertos límites y cuidar mucho lo que se comparte con los demás, ya que es importante guardar nuestra intimidad.

En la mayoría de los casos, compartir intimidades de la relación solo provoca confusión y genera incomodidad en el círculo de familiares y amigos, ya que las personas que asumen el papel de consejeros, a veces con buenas intenciones, toman partido, a pesar de que conocen solamente una parte de la historia. ¿Acaso no te ha sucedido que te comparten una confidencia y luego ves a la pareja feliz de la vida, cuando considerabas que lo correcto era que se separaran? Así que lo mejor es mantener la discreción, como pareja y también como persona ajena a la situación.

La infidelidad

Los estudios más recientes señalan que el 41% de los matrimonios admiten haber enfrentado una infidelidad. Por lo tanto, hay una urgente necesidad en las parejas de entender sus causas y complejidad. Como ya vimos, aunque no se excusa el comportamiento, la infidelidad, en muchos casos, es consecuencia de otros problemas como indiferencia, falta de aprecio y abuso psicológico, por ejemplo. Por lo que la tarea urgente es entender la causa en el caso particular. Cuando una pareja entra en un círculo de patrones negativos, el resultado es que sus actitudes los alejan progresivamente. Esa separación puede crear tal nivel de soledad, que algunas personas tienden a buscar a alguien más que los valide y los conecte emocionalmente, ya que se les dificulta hacerlo con su pareja.

Algunas veces, la infidelidad no se origina por falta de amor, sino por una fuerte necesidad de conexión o de variedad que quizá no se satisface con la pareja, y en lugar de buscar una solución en conjunto, se toma la vía que pareciera más fácil. Y ya en la situación propiamente dicha, recordemos que las mujeres son más emocionales que los hombres, por lo tanto, para el hombre es más fácil desligarse de una aventura, ya que no existe un lazo emocional fuerte. En el caso de las mujeres, será más difícil dejar ir esa aventura, ya que usualmente, cuando llegan a ese nivel, existe un fuerte lazo afectivo con la otra persona, sea correspondida o no.

> A veces debemos respondernos esta pregunta: "Fue solo una vez, estoy arrepentido y la culpa me mata. ¿Debo decirle a mi pareja?"

Evitar la verdad se debe al temor a la reacción del cónyuge, quien podría no creer en el arrepentimiento. Nadie quiere dañar a la persona ni decepcionarla, por lo que se decide guardar silencio. Si se mantiene el secreto, aumentan las probabilidades de que vuelva a suceder y disminuyen las probabilidades de que se arregle la causa, ¡así de sencillo! Al contrario, cuando se dice la verdad, puede ser que exista una oportunidad y se inicie una nueva etapa en el matrimonio al descubrirse otro nivel de intimidad. Ante estas circunstancias debemos preguntarnos: Cuando se trata de cosas importantes, ¿preferiría mi pareja que le diga la verdad o que le mienta para no herirla? Si creemos que la respuesta sería: "Prefiero que no me digas la verdad pues me lastimarías demasiado"… esa es la vía. Pero si la respuesta es: "Quiero que me digas la verdad siempre, sin importar cuál sea. Eso es más importante que preservar mis ilusiones y mis sentimientos"… esa es la vía.

Cuando no se exponen los problemas y se decide inconscientemente ignorarlos, lo único que hacemos es empeorar la situación a mediano y largo plazo. Al ver la infidelidad como un síntoma y al tener disposición para discutirla con apertura y compromiso, se ofrece la oportunidad para que cada uno sea auténtico, exista un reencuentro y se alcance la relación que se desea.

Si la decisión es confesar la infidelidad, se debe estar preparado y ser paciente hasta que se logre reconstruir el puente de la confianza y reparar los daños causados a la pareja. Es una ardua tarea, pero si se hace con rectitud de intención y hay verdadero perdón, seguramente alcanzarán un nivel superior en su relación y volverán a encontrar la intimidad y la conexión perdida.

La infidelidad puede destruir un matrimonio si en realidad no hay arrepentimiento y es una práctica frecuente, o bien, si el ofendido no puede superarlo con el tiempo y no deja de castigar a su pareja o no perdona de corazón. El cónyuge ofendido necesita apreciar el arrepentimiento del otro, reconocer los cambios que hace y dejar de acusarlo. *No hay reconciliación posible sin el perdón real y el compromiso de dejar el pasado atrás.*

La violencia doméstica

Sufrir violencia en la familiar simplemente NO es una forma de vivir, incluso es penada por la ley en muchos países. Muchas personas tratan de excusar esa violencia pensando: "Me quiere, pero es que así es mi pareja" o "Me maltrata con palabras, pero no me pega y tampoco a los niños". Obviamente tratamos de justificar lo injustificable por temor a hacer los cambios necesarios o bien, porque nuestro nivel de autoestima es tan bajo que podemos pensar que no nos merecemos una vida mejor.

El abusador utiliza el poder y control con su familia a través del miedo, imposible de extinguir, cuando no sabemos en qué momento el abuso se dará de nuevo. Al enfrentar una situación de este tipo debemos preguntarnos: ¿Por qué sigo en esta relación? ¿Es porque dependo financieramente de esta persona? ¿Me ha amenazado con quitarme o quitarse la vida si nos separamos? ¿Qué historia o experiencia tengo que me permite aceptar este tipo de maltrato?

Nuestra responsabilidad en familia es protegernos y proteger a nuestros hijos, por lo que debemos encontrar la fuerza para superar el temor. Conozco personas que piensan que es mejor que los hijos tengan ese ejemplo de esposo y padre a que no tengan un modelo en absoluto. ¡Nada más equivocado! Otros mantienen una relación de este tipo porque les importa más guardar las apariencias y evitar los comentarios de amigos y familiares que las consecuencias que puedan enfrentar. *Si no somos capaces de darnos el valor que tenemos, no esperemos que otros lo hagan.* Ante una situación como esta debemos buscar ayuda para salir adelante y tener una perspectiva objetiva, y sobre todo debemos permitir que nuestros amigos y familiares sepan lo que está sucediendo. Mantener el secreto simplemente empeora las cosas, ya que la violencia es posible porque se mantiene oculta. Una cosa es ser discreto en la relación de pareja con nuestra familia política y amigos cercanos, y otra es ocultar un problema de violencia doméstica. Cuando se dan estas circunstancias se puede y se debe dar a conocer a las personas que nos quieren y pueden brindarnos apoyo.

El único comportamiento que podemos cambiar es el nuestro. Por lo que el primer paso será hacer responsable a nuestra pareja de sus actos y evaluar si nosotros estamos provocando en alguna medida y de forma inconsciente alguna reacción. Lastimosamente, los hijos también son víctimas de la situación porque viven el abuso, aunque no sea directamente hacia ellos, y sufren al ver que se permite. Entonces, es recomendable la intervención externa para que la pareja pueda cambiar sus actitudes y evaluar si es posible encontrar una salida conveniente y sana, tanto para ellos como para sus hijos.

Las metas de vida diferentes

En el transcurso de la vida, hay momentos en que nuestras metas como individuos y como pareja parecieran alejarse. Puede ser que sintamos que nuestra pareja se inclina más por su trabajo, dinero o aficiones que por la relación que compartimos. Esto suele pasar cuando dejamos de sentir curiosidad sobre cómo se siente nuestra pareja y dejamos de hablar sobre nuestros planes, proyectos o sobre la misma relación. Por lo tanto, es vital mantenernos pendientes de cómo nos sentimos ambos, respecto a la pareja.

Nuestra relación debería ser una aventura en la que compartimos los éxitos y los fracasos, las ilusiones y las desesperanzas. Así que cada decisión sobre el presente y el futuro debe tomarse con entusiasmo y de mutuo acuerdo. Debemos aprender a negociar cada tema, desde la crianza de los hijos hasta el tipo de vida que se desea lograr. Hay cuatro pasos que pueden ser útiles para alcanzar este objetivo:

Paso # 1: *La discusión basada en el problema y no en las personas.*
Al recibir un curso de negociación, lo primero que nos enseñan es que debemos enfocarnos en el problema a resolver y no en la persona. Al enfocarnos en el problema buscamos una solución y somos objetivos, mientras que al enfocarnos en la persona involucramos la emoción y buscamos ganar. Al buscar una solución sobre alguna diferencia de opiniones, no es posible tomar decisiones hasta que ambas partes estén de acuerdo y se sientan bien al respecto, por lo que la discusión debe hacerse con amplia disposición para entender y ser entendido. Si uno de los dos "vence" en la discusión, esa victoria será de muy corto plazo, ya que uno de los dos se quedará con resentimiento y buscará cobrarla en el futuro.

Paso # 2: *Cada uno debe entender claramente la posición del otro.*
Por supuesto que nosotros entendemos nuestra perspectiva de la situación a negociar, por lo tanto, la tarea será entender la posición del otro, a través de preguntas que proyecten el respeto por el punto de vista de nuestra pareja. La idea es trabajar con una perspectiva que desde el inicio permita alcanzar un mutuo acuerdo. Se trata de colaborar, no de competir. Para ello es importante que ambas partes tengan claras sus posiciones y encuentren el momento adecuado para confrontarlas sin discutir. Ambos deben practicar la escucha activa que permite que nuestra contraparte tenga la oportunidad de expresar todo lo que piensa y siente.

Paso # 3: *Compartan las posibles soluciones.*
Puede que la solución no surja de manera inmediata y que se tenga que pensar en varios escenarios. Sean creativos y busquen varias opciones, incluso las que consideren poco prácticas. Créeme, nuestro cerebro sabe cómo formular posibilidades si se lo

permites, pero debes estar abierto a descubrir nuevas opciones y tener la verdadera intención de solucionar las diferencias.

Paso # 4: Tomen una decisión que satisfaga a ambos.

Probar cómo funciona dicha decisión durante un tiempo, para ver si realmente es conveniente y da los resultados esperados puede ser una buena opción antes de aceptarla como la decisión final.

No hay nada malo con tener puntos de vista diferentes. En una relación es lo más lo normal del mundo y lo que debemos hacer es buscar acuerdos que nos acerquen a una meta en común, en lugar de alejarnos. Recuerden que ahora son una entidad, no dos que van por su lado. En lugar de discutir, busquen un terreno común en donde ambos ganen y no en el que uno de los dos gane a expensas del otro.

El trabajo

Cuando los dos trabajan o cuando uno de los dos tiene un trabajo demandante, puede ser realmente agotador y estresante para ambos intentar cumplir con todas las responsabilidades, si no se tienen los roles claramente definidos.

La familia debe ser la prioridad número uno en la pareja, de lo contario esta se atrofiará con el tiempo y sin darnos cuenta. Al hablar de familia, nos referimos a los hijos y al cónyuge, ya que es importante dedicarse tiempo a solas diariamente para compartir los retos y logros del día, de manera que la conexión se mantenga saludable. Enfocarse más en el trabajo puede ser un síntoma de que la pareja enfrenta problemas, ya que no han sabido llegar a acuerdos respecto a la satisfacción de sus necesidades básicas. En mi experiencia, algunas veces los hombres y las mujeres que trabajan muchas horas diarias por varios meses, usualmente lo hacen porque encuentran que el trabajo llena sus necesidades de importancia, amor y conexión insatisfechas en casa.

El tiempo que reserven para compartir como pareja no debe concentrarse solamente en hablar de los problemas de trabajo, ya que hacerlo también podría provocar distanciamiento. Sin ese período diario de intimidad emocional con la pareja, la necesidad se incrementa, lo que abre la puerta para que uno o ambos busquen conexión en el trabajo, con los amigos o con algunos pasatiempos.

Si los horarios se cruzan, debemos buscar tiempo con anticipación para disfrutar de un fin de semana, de una cena, una cita para ir al cine o algunas vacaciones que nos permitan recuperar la conexión e intimidad. No esperemos mucho tiempo para recuperar dicha conexión, porque a veces, las parejas esperan años para reconectarse, lo que implica un reto difícil de lograr, incluso con la ayuda de un terapeuta.

Si tienen un trabajo o negocio juntos, lo recomendable es tener claras las funciones y responsabilidades de cada uno, fundamentados en sus talentos naturales y no en el género. Por ejemplo, la mujer puede tener más capacidad para el manejo de las finanzas, pero el hombre puede pensar que a él le corresponde la administración del dinero, lo que no necesariamente debe ser así. Además, es vital separar el negocio de la familia, especialmente dejar las tareas y problemas del trabajo en la puerta de la casa antes de entrar; si logran hacerlo, les aseguro que se evitarán muchos problemas. Encerrarse ambos en el trabajo y dedicarle a ello el 100% del tiempo, lejos de unirlos puede significar un costo muy alto para la relación.

Algunas veces, uno de los dos debe estar ausente durante mucho tiempo porque trabaja en otra ciudad o necesita viajar constantemente y la distancia, obviamente, limita la comunicación.

Lo importante es recordar que las personas tenemos necesidades de intimidad, de conexión y también sexuales, por lo que debemos tener el tiempo para satisfacerlas con nuestra pareja, así que las reglas deben estar claras y acordadas para ambos. Además, la pareja debe estar de acuerdo en ¿cómo se mantendrá la relación con los hijos?, ¿cuándo se tendrá comunicación?, y ¿cuándo se espera el regreso?

Algunas recomendaciones para mantener la conexión:

- Hablar personalmente. Eviten el uso excesivo de mensajes, emails o llamadas telefónicas. Utilicen estos medios para urgencias.
- Si uno de los dos tiene más carga de trabajo en casa, intenten repartir las tareas de forma más equitativa.
- Procuren tener por lo menos una comida juntos al día. Usualmente la noche es un buen momento, ya que también puede aprovecharse para compartir con los hijos.
- Planear una actividad de pareja con anticipación. Disfrutar de un fin de semana o de una cena ayuda a ser más flexibles en la rutina diaria.
- Siempre hay tiempo para decirle a nuestra pareja cuánto la queremos y lo importante que es para nosotros. Nunca se puede pensar que se ha dicho lo suficiente.

La comunicación

La desconfianza, el resentimiento, el aburrimiento y pensar que nuestra pareja tiene la culpa de las situaciones que se enfrentan suelen ser síntomas inequívocos de una comunicación deficiente. En una pareja, más que negociar posiciones, debemos estar dispuestos a honrar y respetar las necesidades del otro y valorar nuestra relación por encima de todo lo demás. Una relación exitosa requiere de reciprocidad y balance.

La pareja requiere espacios de diálogo abierto y cómodo para compartir sobre sus necesidades y es vital que le hagamos sentir que puede hablar con confianza. Ten la seguridad de que si tu pareja no quiere hablar de los problemas es porque simplemente no se siente seguro de hacerlo contigo. Asumir que nuestra pareja ya sabe que la queremos y que no necesita que se lo digamos constantemente es poco amable y niega la necesidad de cariño del otro. Este problema es más frecuente en los hombres y debemos entender que para una mujer es tan importante escuchar: "Te quiero" como para algunos hombres es imprescindible tener relaciones sexuales. Recordemos que las mujeres tienen más desarrollado el hemisferio derecho del cerebro, en donde las palabras y los sentimientos se activan. Mientras que los hombres tenemos un poco más desarrollado el hemisferio izquierdo, en donde las acciones y los resultados son lo importante.

> En muchas ocasiones, para resolver los problemas, los hombres deberíamos dejar de pensar en cómo arreglar las cosas y limitarnos a callar, escuchar y sentir lo que nuestra pareja nos dice.

Recordemos que el origen de los problemas es la insatisfacción de alguna de las seis necesidades en uno o en ambos. Sin embargo, si no tenemos una buena comunicación, posiblemente nos encontremos atascados en un círculo vicioso, ya que ni siquiera sabemos el verdadero origen del problema porque no hablamos y no intentamos comprender; entonces, se asumen dos papeles: la víctima y el victimario. Dicha fórmula provoca irremediablemente que un pequeño desacuerdo se convierta en una batalla campal en donde habrá un ganador y un perdedor, aunque realmente ambos pierden.

Es fácil asumir una actitud de enojo o a la defensiva cuando alguna experiencia dispara inconscientemente un mal recuerdo del padre, la madre, el hermano o de alguien más. Por lo que al pelear con nuestra pareja es bueno preguntarnos: ¿Puede que estemos peleando también con alguien de nuestro pasado? Los traumas de nuestra niñez se convierten en los traumas en el matrimonio, por lo que debemos tener mucho cuidado en no "trasladar" nuestros problemas personales, originados en nuestra infancia, hacia nuestra pareja. Estos traumas son inconscientes, y requerirá que pensemos frecuentemente si nuestro enojo es debido a la acción de nuestra pareja o es porque nos recuerda algo que hicieron nuestros padres en el pasado. Siempre es valioso compartirlo para solucionarlo.

¿Y cómo hacemos para reconectarnos después de una discusión?

Biológicamente, el cerebro del hombre y de la mujer son muy diferentes. Las mujeres procesan la información con ambos hemisferios por lo que dan la impresión de que están pensando en todo y siempre, sin descanso. Ellas suelen recordar más fácilmente pues amarran un suceso con una emoción, lo cual hace que se imprima de forma automática en su memoria. El hombre, al contrario, procesa información principalmente en el hemisferio izquierdo, y como no la amarra necesariamente con una emoción, sus recuerdos son vagos y tiende a olvidar. Este dato tan simple explica por qué las mujeres recuerdan todas las fechas importantes de la relación tal como el día que se conocieron, el día que se dieron el primer beso y en dónde fue, mientras que los hombres tenemos serios problemas para hacerlo.

El hombre, cuando habla, necesita entender el problema y encontrar la solución, mientras que la mujer buscará lo mismo, pero además buscará la oportunidad de expresar lo que siente. Para ella no es suficiente encontrar la solución sino que necesita asegurarse de que él entiende sus emociones y se conectó con ella. Un ejemplo de lo que el hombre podría hacer en estas circunstancias es decir: "Veo que esto realmente te molesta". Puede que no esté de acuerdo con ella, pero la hará sentir validada. Para los hombres en general, el precio que pagamos por expresar nuestros sentimientos es más alto que el que pagamos por compartir nuestros pensamientos, por lo que nos cuesta más abrir nuestro corazón que nuestra mente.

Por todo esto, los hombres solemos interpretar la situación como una resistencia a ir al punto y una insistencia por "darle más vueltas al asunto", cuando en realidad la mujer solo trata de descubrir sus emociones respecto al problema. Conozco hombres que darían un brazo o una pierna por salvar la vida de su pareja, pero no pueden escucharla sin enojarse porque se sienten acusados. Así que sería excelente que las mujeres comprendieran esto y procuraran, además de expresar sus emociones, comprender que su esposo desea concretar el problema y resolverlo.

En la medida que entendemos las diferencias entre hombre y mujer, nos damos cuenta de que algunas actitudes y acciones no se deben a falta de amor sino al desconocimiento sobre todas estas cuestiones. Pero al aprender, mejoran notablemente la experiencia del reencuentro sentimental, especialmente después de una discusión.

Hemos terminado este viaje en el cual aprendimos un poco más sobre la complejidad de las relaciones de pareja. Ahora comprendemos que implican mucho más que percibirlas como una simple institución y que debemos dimensionarlas como un modelo de vida que puede darnos toda la satisfacción y plenitud que buscamos al casarnos. Hemos aprendido que para cambiar una relación hay que cambiar nuestros pensamientos y no simplemente nuestras emociones. También hemos hablado de las diferencias fundamentales entre el hombre y la mujer y de cómo estas diferencias, lejos de separarnos, nos deben complementar.

También revisamos los niveles de relación que existen y esos paradigmas que pueden beneficiarnos o dañarnos, incluso, sin saberlo porque los asumimos desde pequeños. También hemos repasado las seis necesidades básicas de toda persona y lo importante que es reconocerlas en nosotros y en nuestra pareja para comunicarnos y comprendernos. Ahora sabemos que cada uno tiene valores, creencias y emociones únicas e intransferibles que construyen esa relación irrepetible.

Sin duda visualizamos que cualquier cambio en nuestra vida depende de nosotros mismos y aprendimos los pasos necesarios para tener la relación que queremos y merecemos. Por último, compartimos sobre los problemas más frecuentes y podríamos decir, inevitables en una relación y cómo es posible superarlos para crecer como individuos y como pareja.

Lo siguiente es pasar de la teoría a la práctica, luego de responder algunas dudas que muchas veces nos inquietan. Resuelve los cuestionarios con tu pareja, pensando en que ese tiempo es la mejor inversión que puedes hacer para alcanzar los objetivos que te has planteado. Hagan el ejercicio en familia, si es posible. ¡Cualquier esfuerzo es valioso para vivir en armonía!

Les garantizo que si intentan satisfacer mutuamente sus principales necesidades y durante noventa días, sin excepción, utilizan los vehículos significativos para la otra persona, tendrán una relación completamente diferente, ya que será más madura y plena. Les deseo mucho éxito en su vida matrimonial y que puedan ser tan felices como siempre lo han deseado, dejando atrás cualquier dificultad y pensando siempre que cuando ambos lo desean, es posible superar los problemas y cumplir con la promesa de vivir juntos hasta que la muerte los separe… sin sufrir en el intento.

PREGUNTAS FRECUENTES

¿Existe el alma gemela?

No. Es un concepto romántico y poco realista pensar que existe una persona perfecta para cada uno de nosotros. La clave para que una relación funcione no está en encontrar a la persona correcta, sino en tomar las decisiones y acciones correctas. Los valores como el perdón, la confianza y el respeto son algunos de los elementos que hacen que una relación valga la pena. La idea de pensar que existe un alma gemela provoca creer que las relaciones son fáciles y obviamente no lo son. Pensar que debe haber en algún lugar una persona que me permita tener una relación ideal o un matrimonio ideal con el que pueda educar a mis hijos ideales, simplemente no tiene sentido. Todo lo que vale la pena en la vida requiere trabajo y dedicación.

¿Está bien tener expectativas en las relaciones?

Por supuesto, no solo es bueno, sino natural. Todos nos casamos con grandes expectativas y nadie se casa pensando: "Me irá muy mal en el matrimonio". El problema radica en tener expectativas poco realistas como: "Cuando nos casemos cambiará", "con el tiempo se irán arreglando las cosas". Tener expectativas irreales dará como resultado vivir una relación frustrada. Tanto el hombre como la mujer deben establecer altas expectativas para su relación, no para el otro, es decir que la persona que define la expectativa también asume la responsabilidad de alcanzarla, por lo que se cuida de que lo "alto" no signifique "inalcanzable". Usualmente cuando nos casamos pensamos que es para ser felices y le damos esa responsabilidad a nuestra pareja. Esta forma de pensar es incorrecta, ya que la única persona que nos puede hacer felices somos nosotros mismos.

¿Es cierto que en el matrimonio cada uno debe dar el 50%?

No. Para que una relación funcione, cada uno debe dar el 100%. ¿Quién pondría el parámetro para establecer qué se define como el 50% y si la otra persona lo dio? Además, dar el 50% de la relación implicará, muchas veces, negarnos a dar más, asumiendo que la otra persona no ha dado el 50% que le corresponde. Una relación requiere un compromiso del 100% pues habrá momentos cuando uno de los dos no pueda darlo todo, por lo que debe ser compensado por el otro; por lo tanto, la entrega debe ser total.

¿Por qué es tan difícil la relación ahora que estamos casados?

Se suele confundir el noviazgo con el reto que implica la vida matrimonial y si no se tuvo un noviazgo serio que implicara un conocimiento profundo de la pareja, hay muchas probabilidades de que las expectativas del otro sean poco realistas. El matrimonio será difícil si la pareja no comprende que ya no son dos, sino que son una persona nueva y totalmente diferente. Será difícil si pensamos que la tarea de mi pareja es hacerme feliz. Será difícil si dejamos que la monotonía rompa la comunicación y la intimidad, así que es esperanzador pensar que nosotros podemos lograr que sea fácil. En el noviazgo aprendemos a madurar nuestros sentimientos, a querernos y aceptarnos mutuamente, tal como somos. En el matrimonio debemos aprender a convivir con nuestra pareja y contrario al pensamiento general de que la relación matrimonial es una extensión del noviazgo, debemos entender que será una experiencia totalmente diferente.

¿Por qué mi pareja no se comunica más conmigo?

Obviamente porque tiene algún problema para expresarse. Usualmente, cuando una persona no habla es debido a que no se siente segura, se siente criticada o amenazada por su pareja. Si cada vez que dice algo se siente retada o juzgada, empezará a callar. Hay muchas personas que en el trabajo o con sus amigos son muy comunicativas, pero cuando llegan a casa son totalmente reservadas. Por lo tanto, lo que se debe hacer es crear un ambiente de apertura y confianza en donde la pareja sienta, no solamente sepa, que puede expresar sus emociones y que será escuchada con respeto.

Si me quiere, ¿por qué no le nace hacer las cosas que le pido?

Una cosa es querer a alguien y otra muy diferente es ser adivino. Es común, sobre todo en las mujeres, el pensamiento romántico: "Si me amara debería saber cómo me siento". Pero ¡no es así!, recuerda que el hombre es secuencial y la mujer es emocional. Es más fácil que una mujer pueda percibir en algún momento algo de su esposo que su esposo de ella. Si quieres que él sepa que estás triste, alegre, emocionada, preocupada o ilusionada, ¡díselo!, no esperes a que lo note o deduzca por qué podrías estar de tal o cual forma. ¡Los hombres no intentamos deducir ni siquiera con nosotros mismos! A veces, solo sabemos que sentimos algo y listo, realmente no nos ocupamos de encontrar la causa de la emoción, simplemente la experimentamos y buscamos cómo dejar de sentirla, si eso es lo que deseamos. Claro que no es lo ideal porque ya hemos visto que vale la pena ser un poco más analíticos para cambiar conductas, emociones y pensamientos, pero el punto es que no debemos pretender que nuestra pareja adivine qué nos sucede, es más simple y se obtienen mejores resultados si compartimos lo que deseamos que perciba y atienda.

¿Cómo puedo hacer para que mi pareja sea como la del vecino?

Nunca compares tu relación con cualquier otra. Para empezar, no sabes cuál es la realidad dentro de esa relación que posiblemente envidias. Una relación puede aparentar el cielo por fuera cuando en realidad es el infierno por dentro. Los seres humanos podemos fingir muy bien las apariencias y mostrar algo totalmente diferente a nuestra realidad, así que no te dejes llevar por lo que ves. El único resultado que obtendrás si persistes en comparar tu relación con la de otros será la frustración.

¿Es cierto que debemos hacer todo juntos?

No. Pueden hacer algunas actividades juntos, siempre y cuando ambos las disfruten. El hombre puede disfrutar de un deporte que la esposa no y viceversa, y ambos pueden disfrutar cosas por separado sin poner en riesgo la relación. Hagan lo que les nazca hacer juntos y no se comparen con otras parejas que parecen inseparables. Hay parejas que tienen los mismos gustos y otras que no, sin que afecte la relación. Todos los seres humanos requerimos de nuestro espacio personal y estar todo el tiempo juntos puede ser agobiante después de un tiempo si los intereses individuales no son los mismos. Una pared está sostenida por dos columnas próximas y alineadas, aunque separadas. La pared es la relación... las columnas son tú y tu pareja.

¿Por qué no entiendo algunas cosas que mi pareja hace?

Es vital para una relación que no se intente comprender o juzgar todo lo que hace el otro, de lo contrario, tendrán una relación miserable. ¿Por qué hizo esto? ¿Qué estará sintiendo? Hay que dejar de analizar y juzgar todo, porque al no saber, tendemos a juzgar negativamente. Si sientes el impulso de juzgar, asume lo mejor de tu pareja y piensa que lo hizo por razones positivas, de acuerdo a los mejores recursos que tuvo en su momento. En todo caso, frente a la duda, ¡pregunta!

¿Por qué debo contribuir para que mi esposa tenga una imagen positiva de sí misma?

Es determinante que el hombre contribuya con la buena imagen que su esposa construye de sí misma porque este factor influye directamente en la relación. Muchos hombres, lejos de proteger la autoestima de las mujeres, hacen todo lo contrario diciéndoles cosas como: "Estás gorda, estás descuidada, no haces nada bien, no sirves", lo cual hará sentir muy mal a una mujer. Ser hombre significa proteger a su pareja físicamente y emocionalmente, lo que implica cuidarla y valorarla, tanto a ella como a los hijos.

¿Por qué mi pareja nunca me busca sexualmente?

Una de las discusiones más frecuentes en la relación es quién es el "iniciador". Existe la arraigada creencia de que el hombre tiene que ser el iniciador todo el tiempo, pero ¿quién dice eso? En algunas parejas puede ser así, pero en otras quizá la tendencia la marca la mujer, y también hay parejas donde ambos se buscan por igual. La pregunta es: "¡¿Qué importa?!" Lo importante es que la relación sea sana y placentera para ambos, sin atender quién de los dos la provoca, ya que lo valioso es el amor que se expresan.

¿Qué puedo hacer si mi pareja no me busca sexualmente?

Puede haber muchas respuestas para esta pregunta. La apatía puede originarse de un problema físico o emocional, de pornografía, drogas, alcohol, de monotonía en la relación, etc. Algunas veces, tanto hombres como mujeres, muestran ese comportamiento porque tienen un resentimiento guardado y es la forma de penalizar a su pareja. Personas normales y sanas tienen relaciones normales y sanas. Si algo está fallando se debe acudir a un especialista y pedir ayuda. Lo peor sería ignorar el problema, ya que puede provocar el rompimiento de la relación. Pensar: "El sexo es aburrido", obviamente no tiene sentido y es una clara señal de que algo no está bien y que se requiere atención profesional.

¿Es cierto que una relación es incondicional?

En la mayoría de las religiones se nos enseña que el amor es incondicional, que debemos soportar a nuestra pareja, aun si nos maltrata. Es por ello que seguramente tú, como yo, conocemos a mujeres que viven relaciones realmente tormentosas, y no terminamos de comprender por qué se valoran tan poco y son víctimas mortales de su pareja. Sin embargo, esta creencia religiosa no es más que eso, una creencia. Incluso en la Biblia, el amor que Dios expresa, al enviarnos a Su Hijo para salvarnos tiene una condición:

*Porque tanto amó Dios al mundo que dio a Su Hijo único, **para que todo el que crea en Él** no perezca, sino que tenga vida eterna. Porque Dios no ha enviado a Su Hijo al mundo para juzgar al mundo, sino para que el mundo se salve por Él.*

—JUAN 3: 16-18

Dios da a Su Hijo con una condición: creer en Él. Si ese amor por nosotros, siendo perfecto, se condiciona por nuestra aceptación, ¿por qué deberíamos mantener una relación incondicional, incluso a costa de nuestra propia vida? Así que la respuesta es que el amor debe ser condicional, de lo contrario podríamos caer en una relación de egoísmo, en donde yo merezco todo y mi pareja no merece nada.

¿Por qué si ambos trabajamos, él no me ayuda en las tareas de la casa?

Cada vez es más frecuente ver hogares en los que ambos trabajan, lo que es totalmente atinado, ya que la mujer ha demostrado que puede ser mucho más que madre y ama de casa, y que puede realizarse profesionalmente. Sin embargo, algunos hombres se han aprovechado de esta situación y se han acomodado a tal punto que algunos piensan que la responsabilidad económica es de los dos, pero las tareas del hogar son responsabilidad exclusiva de la mujer.

Lastimosamente, aún hay hogares donde culturalmente el machismo hace pensar al hombre que el cuidado y la educación de los hijos, y el mantenimiento de la casa corresponden a la mujer. Debemos aprender que en las relaciones, los derechos y las obligaciones de la casa son de ambos y que el hombre debe ser parte integral en la educación, desarrollo y cuidado del hogar. Para que este cambio sea efectivo, es importante que la mujer solicite apoyo y deje de consentir al esposo, ya que muchas veces es ella quien provoca que él no se sienta comprometido con estas tareas.

¿Es cierto que los celos son buenos en una relación?

No. Este es un tema bastante complejo, porque tradicionalmente nos han enseñado que los celos son apropiados e incluso buenos en una relación. En nuestra cultura hemos aprendido que: "Si no nos celan es porque no nos quieren". Sin embargo, debemos entender que como todo en la vida, los excesos son malos y que los celos pueden ser destructivos si no se saben manejar.

Una cosa es mostrar interés por nuestra pareja y otra muy diferente es tener una relación enfermiza y controladora que viola el derecho de privacidad al restringir el espacio personal, controlar las amistades o incluso prohibirlas. En este tipo de relaciones, la persona celosa sufre pues tiene la ilusión de controlar algo que no puede, lo que provoca frustración, además, sufre la persona acosada por los celos pues pierde su independencia y se vuelve temerosa.

¿De dónde provienen los celos?

En las relaciones se dan dos tipos de emociones:

1. Las emociones de **convivencia** que buscan la armonía y que se vinculan al afecto, la tristeza y la alegría.
2. Las emociones de **sobrevivencia** que buscan la tensión y que se vinculan con el temor y la cólera.

Por lo tanto, podemos concluir que una relación celosa carece de las emociones correctas y busca sobrevivir más que convivir, por lo que se deberá buscar la causa para erradicarla a tiempo. Dicho esto, podemos clasificar los celos en dos tipos:

* Combinación de afecto y cólera
* Combinación de afecto y temor

Si es resultado de la combinación afecto-cólera, probablemente hay una experiencia previa que provocó la pérdida de confianza y no se ha resuelto o perdonado, por lo que la pareja que violó la confianza deberá trabajar en reconstruirla y obtener el perdón. Muchas veces la falta de perdón provoca el abuso psicológico sobre la pareja, haciéndola sentir mal todo el tiempo, lo que se acepta como castigo merecido porque se siente culpable de lo sucedido. Expresar celos sobre el otro para tenerlo "bajo control", lejos de arreglar el problema lo complicará mucho más. Lo más conveniente es entender las diferencias que lo causaron, aceptar la responsabilidad que corresponda y alcanzar acuerdos mutuos para que se pueda recuperar la confianza.

Si es producto de la combinación afecto-temor, posiblemente es algo anterior a la relación, lo que provoca que uno de los dos se sienta emocionalmente inseguro y lo proyecta a su pareja haciéndola sentir que "no es digna de confianza". En estos casos, lo recomendable es que la persona que sufre los celos injustificados de su pareja recobre su autoestima y deje de tolerar el abuso, mientras que la persona celosa debe buscar la atención adecuada.

En conclusión, cualquier caso de celos debe considerarse como algo serio que merece una solución inmediata antes de que se rompa definitivamente la relación. Así pues, los celos no son más que una proyección de nuestras inseguridades personales hacia nuestra pareja. Y esa inseguridad proviene de sentirnos menos inteligentes, menos atractivos o menos interesantes que los demás. Los celos no se arreglan reclamándole a nuestra pareja, los celos se arreglan aceptándonos y queriéndonos a nosotros mismos, sintiéndonos tan valiosos como los demás, lo que nos permite dar y exigir respeto.

¿Y si ya probé todo, sin éxito?

En mi experiencia, nadie ha probado realmente todo lo que se puede hacer para arreglar su relación. Seguramente han intentado algunas cosas varias veces y obviamente han obtenido los mismos resultados. Cuando las dos partes están interesadas en rescatar su relación y volver a lo que fue al inicio o incluso mejor, es muy probable que se encuentre el camino correcto con el apoyo externo. Soy creyente de que un matrimonio debe ser para toda la vida y por eso debemos educar a los jóvenes para que reconozcan lo vital que puede ser la etapa de noviazgo y cómo desde allí deben construirse bases sólidas que permitan un matrimonio estable.

También creo firmemente que el matrimonio es una relación que requiere trabajo y cuidado constante para convivir con esa persona que amamos en un ambiente feliz, y que no se vale renunciar y darse por vencido cuando aparecen los problemas, ya que siempre existirán.

Sin embargo, también debo ser realista y honesto en reconocer que he tenido casos de parejas en las que efectivamente ya no hay soluciones viables, sobre todo en las que se han roto absolutamente todas las promesas matrimoniales, hay abuso físico y emocional, violencia e intimidación. El común denominador de estos casos es que uno de los dos ha perdido totalmente el interés y el compromiso en la relación. Mi abuela decía: "las relaciones son como los leños… y un leño no arde solo". Primero estamos enamora-DOS y luego casa-DOS, ¡es de DOS! No es posible mantener una relación sana y plena si solo uno de los dos lo intenta. Conozco hombres y mujeres que se culpan de no haber podido mantener su matrimonio, cuando en realidad nunca entendieron que es imposible lograrlo si uno de los dos ha renunciado. La frase: "El amor todo lo puede" es totalmente cierta, pero el amor implica a dos personas, por eso se dice que ¡estamos comprometi-DOS![2]

Debemos reconocer cuando estamos en una relación en la que nuestra pareja simplemente ya no quiere compartir con nosotros, o peor aún, comparte por pura conveniencia, por lo que pasamos de ser sujetos a ser objetos. Negarnos a enfrentar la realidad es un engaño que con el tiempo, nos pasa una factura más grande que se traduce en frustración, sentimientos de abandono y rechazo que tarde o temprano son difíciles de asimilar. La mayoría de veces, esta posición se origina en falta de autoestima, y con tal de evitar ese momento difícil, decidimos volvernos mártires, conservar las

---

2. Mateo 19:7-8: *Ellos le dijeron: Entonces, ¿por qué mandó Moisés darle carta de divorcio y repudiarla? El les dijo: Por la dureza de vuestro corazón, Moisés os permitió divorciaros de vuestras mujeres; pero no ha sido así desde el principio.*

apariencias, echarnos toda la culpa, la responsabilidad y las tareas a la espalda. El precio es renunciar a nuestro valor y aceptar la opción de vivir infelizmente hasta que la muerte nos separe.

Si las diferencias son realmente irreconciliables y la relación ha llegado a niveles de abuso y maltrato, el objetivo debe ser seguir adelante con nuestra vida y dejar de enfocarla en nuestra pareja. Tenemos que reconocer que hay momentos cuando la relación ya no tiene una salida viable porque: a) el daño ha sido irreparable e imperdonable por uno o ambos en la relación, o b) por haber dejado pasar por mucho tiempo algún problema sin resolver hasta que se volvió imposible de manejar. Si ya se ha practicado todo lo recomendado en este libro por un buen tiempo y no se han logrado resultados, debemos aceptar la realidad y evaluar seriamente la separación. Hacerlo no es un acto de cobardía, es más bien un acto de valentía ya que en estas circunstancias debemos recordar que nuestra autoestima, nuestro valor personal, el derecho a tener una vida de felicidad y el evitar un mal ejemplo para los hijos nunca se puede negociar.

Tristemente conozco parejas que no han querido ver la realidad del fracaso de su relación y se resignan a una vida mediocre y gris que no hace feliz a nadie en casa, especialmente a los hijos, por lo que literalmente se convierte en un hogar con miedos, frustraciones e incluso violencia. Si se da esta situación, la misión será admitir nuestra cuota de responsabilidad y no volver jamás a ser esa persona que se involucró en la relación que se intenta superar. Esto también implicará no victimizarnos.

Si estamos en esta circunstancia debemos proponernos seria y serenamente hacer una evaluación de lo que pasó en la relación y cómo dejamos que llegara a un punto sin retorno. Si no lo hacemos, pensaremos que el problema fue exclusivamente de nuestra pareja y eso impedirá aprender de los errores, lo que según mi experiencia… provocará que caigamos en el mismo tipo de relación.

La separación es un mito porque involucra muchos sentimientos de temor, de rechazo e incluso de culpa por cometer un pecado, dependiendo de la religión que se practique. He tenido la oportunidad de trabajar con parejas en las que uno de los dos es completamente desdichado, pero se niega al divorcio por miedo a la crítica y por guardar las apariencias. El divorcio es tan difícil que las personas buscan victimizarse y acusar al otro de haberse "convertido en un monstruo" para librarse del cargo de conciencia. La verdad es que la gente no cambia tanto, y mucho menos se convierte en un monstruo. Lo que sucede es que, con el tiempo, dejamos de tolerar situaciones que en algún momento parecían lindas o nos creamos la falsa expectativa de que cambiarían. Quizá al inicio de la relación, el hecho de que tu pareja fuera indecisa y te consultara todo antes de actuar te enamoró, pero ahora, con tres hijos, mil pendientes y una agenda de trabajo asfixiante, simplemente ya no puedes manejar esa situación. Como hemos visto en este libro, la mayoría de las situaciones se pueden mejorar y sanar, sin embargo, una cosa es clara, para ello se requiere la buena actitud y disposición de los dos.

¿Qué debo de hacer después de una separación?

Como vimos en este libro, somos responsables de nuestras decisiones y nadie puede hacernos sentir algo que nosotros no queremos ni permitimos. Quienes han tomado la decisión de separarse por razones válidas, no les afecta tanto haber terminado una relación sino la incertidumbre acerca de la nueva etapa que comienzan. El miedo al pensar en el dinero, en la dificultad de encontrar una nueva pareja o en el cuidado de los hijos puede ser muy desafiante y muchas personas evitan esta nueva etapa concentrándose en la rabia y en la victimización.

Por lo tanto, es fundamental recordar que somos dignos de respeto y cariño, y buscar la compañía de amigos y familiares que sabemos que nos apoyan. En algunas ocasiones las personas necesitan ayuda terapéutica individual o en grupo para renovar la confianza y autoestima, haciéndoles saber que no son las únicas que han pasado por esta experiencia tan dolorosa y que es posible salir adelante.

Ante el escenario de una separación, vale la pena tomar en cuenta que el enojo y amargura no se dan de la noche a la mañana, ya que son el resultado de años de una relación pobre en conexión, intimidad, comunicación, compromiso, respeto, honestidad, confianza, perdón y sobre todo AMOR entre ambos. Cuando la pareja se separa sin rencor es porque los dos han comprendido todas las circunstancias que provocaron que la situación llegara a ese punto y que en algunos casos, ambos fueron culpables. Esto hará más fácil empezar a perdonar y a sanar. Si las personas se aferran a su posición, no perdonan y prefieren vivir en eterno conflicto con quien intentaron construir una vida, existe una gran probabilidad de que no aprendan nada de la experiencia y que repitan esa dolorosa historia en su próxima relación.

EJERCICIOS PRÁCTICOS

Estos ejercicios están diseñados para aplicar lo que aprendimos e iniciar un verdadero cambio de vida. Al realizar el ejercicio número uno obtendrás nuevo conocimiento sobre tu persona, sobre las necesidades que consideras prioritario satisfacer en tu vida. El ejercicio número dos se compone de dos partes:

1. Responder el cuestionario asumiendo la posición de tu pareja, es decir que según tu conocimiento sobre ella, debes analizar qué tanto consideras que has llenado sus necesidades.

2. Responder el cuestionario desde tu perspectiva, evaluando cómo tu pareja ha podido satisfacer tus necesidades.

Cuando ambos terminen los ejercicios, es fundamental dialogar para evaluar los resultados y compartir las creencias de cada uno sobre las necesidades y su satisfacción respecto al otro. Esta es la parte más enriquecedora, ya que les permitirá comprender las diferencias de opinión y enfoque, y sobre todo, qué deben hacer para que cada uno sienta que su pareja es capaz de satisfacer sus necesidades.

¿Tu pareja está sorprendida por alguna de tus respuestas? ¿Por qué? ¿Estás sorprendido por las respuesta de tu pareja? ¿Por qué? Si hay sorpresa, la tarea es conversar al respecto para entender mejor a la otra persona. ¿Se ponen a la defensiva? Recuerden que el objetivo es escuchar, analizar y comprender la perspectiva del otro para lograr acuerdos.

EJERCICIO DE CONOCIMIENTO PERSONAL

¿CUÁLES SON LAS NECESIDADES DE CADA UNO?

EJERCICIO # 1

Como recordarás, las seis necesidades son:
1. Seguridad
2. Variedad
3. Reconocimiento
4. Amor y conexión
5. Crecimiento
6. Contribución

Enumera las necesidades en el orden de importancia para ti, la número 1 será la más importante. Para lograrlo, repasa brevemente tu vida y encuentra cuál de las seis necesidades ha predominado, sin importar si es época de crisis o de fortuna. Pregúntate: ¿Qué es lo que siempre he buscado como prioridad en mi vida?

1. ______________________________________
2. ______________________________________
3. ______________________________________
4. ______________________________________
5. ______________________________________
6. ______________________________________

Ahora piensa en tus dos necesidades más importantes y cómo han determinado tu conducta y valores.

Necesidad # 1: _______________________________________

¿Cómo ha determinado esta necesidad mi forma de pensar, sentir y actuar?

____

____

____

____

____

Necesidad # 2: _______________________________________

¿Cómo ha determinado esta necesidad mi forma de pensar, sentir y actuar?

____

____

____

____

____

Ahora pídele a tu pareja que haga el mismo ejercicio.

Necesidad # 1: _______________________________________

¿Cómo ha determinado esta necesidad su forma de pensar, sentir y actuar?

____

____

____

____

____

Necesidad # 2: _________________________________

¿Cómo ha determinado esta necesidad su forma de pensar, sentir y actuar?

____

____

____

____

____

EJERCICIO # 2

Este ejercicio se compone de dos partes:

1. Haz el ejercicio *pensando que eres tu pareja,* y desde esa perspectiva evalúa cómo has podido satisfacer sus necesidades.
2. Haz el ejercicio *pensando en ti,* y desde esa perspectiva evalúa cómo tu pareja ha podido satisfacer tus necesidades.

Para que este ejercicio sea realmente enriquecedor, tú y tu pareja deben llenar las dos partes.

PRIMERA PARTE

Si fueras tu pareja, califica qué tan exitoso has sido satisfaciendo sus necesidades.

SEGURIDAD

Desde la perspectiva de mi pareja, ¿qué tan segura la hago sentir en la relación? (Ejemplos: le dedico el tiempo que necesita, cubro sus necesidades económicas, me muestro fiel en la relación, le demuestro y le expreso que siempre puede confiar en mi apoyo, espero siempre lo mejor de él/ella, le hago sentir que tiene prioridad sobre mi trabajo o los hijos). Tu calificación (1 es lo más bajo y 10 es lo más alto): _______________________

¿Por qué?

____

____

____

____

____

Indica tres nuevas formas en las que puedes satisfacer esta necesidad:

1. ____

____

2. ____

____

3. ____

____

VARIEDAD

Desde la perspectiva de mi pareja, ¿qué tanta variedad he podido brindarle? (Ejemplos: hacemos cosas diferentes juntos, tratamos de ir a lugares nuevos, hablamos de temas que no se refieren solo a nuestro trabajo o los niños). Tu calificación (1 es lo más bajo y 10 es lo más alto): _______________________

¿Por qué?

____

____

____

____

____

Indica tres nuevas formas en las que puedes satisfacer esta necesidad:

1. ____

2. ____

3. ____

RECONOCIMIENTO

Desde la perspectiva de mi pareja, ¿cuánto reconocimiento le he brindado? (Ejemplos: reconozco que se esfuerza en su trabajo, reconozco que trata de ser un buen padre/madre, reconozco cuando ayuda en actividades que usualmente no hace, soy el primero en reconocer cuando triunfa en algo, agradezco cuando tiene detalles conmigo, reconozco el esfuerzo que hace por corregir sus errores). Tu calificación (1 es lo más bajo y 10 es lo más alto):

____

¿Por qué?

____

____

____

____

Indica tres nuevas formas en las que puedes satisfacer esta necesidad:

1. ____

2. _______________________________________

3. _______________________________________

AMOR Y CONEXIÓN

Desde la perspectiva de mi pareja, ¿qué tanto amor y conexión le brindo? (Ejemplos: tengo comunicación abierta y sincera, le comparto mis pensamientos y emociones, le comparto mis ilusiones y preocupaciones sobre nuestra relación, le hago sentir el amor que me inspira, se lo demuestro, se lo digo, le demuestro que escucho lo que desea compartirme, considero sus sentimientos para no hacer algo que lastime su corazón, tenemos intimidad y placer mutuo). Tu calificación (1 es lo más bajo y 10 es lo más alto):

____

¿Por qué?

____

____

____

____

Indica tres nuevas formas en las que puedes satisfacer esta necesidad:

1. _______________________________________

2. _______________________________________

3. _______________________________________

CRECIMIENTO

Desde la perspectiva de mi pareja, qué tanto apoyo su crecimiento personal y profesional? (Ejemplos: impulso a mi pareja a ser una mejor persona, la motivo a superarnos mutuamente, soy ejemplo de crecimiento personal y profesional para su vida, soy apoyo para que alcance sus sueños). Tu calificación (1 es lo más bajo y 10 es lo más alto): ___________________

¿Por qué?

____

____

____

____

____

Indica tres nuevas formas en las que puedes satisfacer esta necesidad:

1. ____

____

2. ____

____

3. ____

____

CONTRIBUCIÓN

Desde la perspectiva de mi pareja, ¿qué tan bien he podido satisfacer su necesidad de contribución? (Ejemplos: apoyo a mi pareja cuando desea ayudar a otros, hacemos actividades en familia que contribuyen material o espiritualmente a otras personas). Tu calificación (1 es lo más bajo y 10 es lo más alto):

¿Por qué?

____

____

____

____

____

Indica tres nuevas formas en las que puedes satisfacer esta necesidad:

1. _______________________________________

____

2. _______________________________________

____

3. _______________________________________

____

SEGUNDA PARTE

Ahora repite el ejercicio, pero desde tu perspectiva, y califica qué tan exitosa ha sido tu pareja satisfaciendo tus necesidades.

SEGURIDAD

Desde mi perspectiva, qué tan bien ha podido mi pareja satisfacer mi necesidad de seguridad. (Ejemplos: me dedica el tiempo que necesito, cubre mis necesidades económicas, me demuestra y me expresa que siempre puedo confiar en su apoyo, se muestra fiel en la relación, espera siempre lo mejor de mí, me hace sentir lo más importante). Su calificación (1 es lo más bajo y 10 es lo más alto):

____

¿Por qué?

____

____

____

____

____

Indica tres nuevas formas en las que puede satisfacer esta necesidad:

1. _______________________________________

   ____

2. _______________________________________

   ____

3. _______________________________________

   ____

VARIEDAD

Desde mi perspectiva, qué tan bien ha podido mi pareja satisfacer mi necesidad de variedad. (Ejemplos: hacemos cosas diferentes juntos, tratamos de ir a lugares nuevos, hablamos sobre otros temas que no se refieren solo a nuestro trabajo o los niños). Su calificación (1 es lo más bajo y 10 es lo más alto): _______________________
¿Por qué?

____

____

____

____

____

Indica tres nuevas formas en las que puede satisfacer esta necesidad:

1. _______________________________________

   ____

2. _______________________________________

   ____

3. _______________________________________

____

RECONOCIMIENTO

Desde mi perspectiva, qué tan bien ha podido mi pareja satisfacer mi necesidad de reconocimiento. (Ejemplos: reconoce el esfuerzo en mi trabajo, reconoce que trato de ser un buen padre/madre, reconoce cuando ayudo en actividades que usualmente no hago, es el primero en reconocer cuando triunfo en algo, agradece cuando tengo detalles con ella/él, reconoce mi esfuerzo por corregir mis errores). Su calificación (1 es lo más bajo y 10 es lo más alto):

____

¿Por qué?

____

____

____

____

____

Indica tres nuevas formas en las que puede satisfacer esta necesidad:

1. _______________________________________

____

2. _______________________________________

____

3. _______________________________________

____

AMOR Y CONEXIÓN

Desde mi perspectiva, qué tan bien ha podido mi pareja satisfacer mi necesidad de amor y conexión. (Ejemplos: tiene comunicación abierta y sincera, me comparte sus pensamientos y emociones, me comparte sus ilusiones y preocupaciones sobre nuestra relación, me hace sentir el amor que le inspiro, me lo demuestra, me lo dice, me demuestra que escucha lo que deseo compartirle, considera mis sentimientos para no hacer algo que lastime mi corazón, tenemos intimidad y placer mutuo). Su calificación (1 es lo más bajo y 10 es lo más alto): _______________________

¿Por qué?

____

____

____

____

____

Indica tres nuevas formas en las que puede satisfacer esta necesidad:

1. ____

____

2. ____

____

3. ____

____

CRECIMIENTO

Desde mi perspectiva, qué tan bien ha podido mi pareja satisfacer mi necesidad de crecimiento. (Ejemplos: me impulsa a ser una mejor persona, me motiva a superarnos mutuamente, es ejemplo de crecimiento personal y profesional para mi vida, me apoya para que alcance mis sueños). Su calificación (1 es lo más bajo y 10 es lo más alto): _______________________

¿Por qué?

____

____

____

____

____

Indica tres nuevas formas en las que puede satisfacer esta necesidad:

1. ____

____

2. ____

____

3. ____

____

CONTRIBUCIÓN

Desde mi perspectiva, qué tan bien ha podido mi pareja satisfacer mi necesidad de contribución. (Ejemplos: me apoya cuando realizo actividades que favorecen a otros, hacemos actividades en familia que contribuyen material o espiritualmente a otras personas). Su calificación (1 es lo más bajo y 10 es lo más alto):

____

¿Por qué?

____

____

____

____

____

Indica tres nuevas formas en las que puede satisfacer esta necesidad:

1. ____

2. ____

3. ____

Compartan los resultados. ¿Alguno está sorprendido de las respuestas del otro? ¿Valoras más la seguridad que el amor y conexión? ¿Valoras más la variedad que el reconocimiento? ¿El crecimiento será tu principal motivación y fuerza? No hay respuestas correctas e incorrectas. Cada uno explique por qué valora más una necesidad que otra y escúchense atentamente. Descubran qué necesitan saber del otro para tener una mejor relación, satisfacerse y ser felices.

Ahora que ya tienen la información, también tienen una mejor perspectiva de la relación. Lo siguiente es comparar los resultados, tomando en cuenta que el objetivo es comprender la percepción de ambos respecto a la satisfacción de sus necesidades y descubrir áreas de mejora. Sean honestos, abiertos y muestren respeto por la opinión del otro. No juzguen ni se ofendan, asumir esa posición no producirá resultados positivos.

Es importante diferenciar entre las necesidades y los vehículos, acciones, creencias y comportamientos que usas para satisfacerlas. Por ejemplo, la esposa puede pensar que para sentirse amada (necesidad) su esposo debe llamarla varias veces al día (vehículo), mientras el esposo piensa (creencia) que no debe hacerlo o por lo menos, no con la frecuencia que ella necesita. De esta forma descubriremos que existe confusión y no falta de interés, porque ignorábamos cómo lograr la satisfacción del otro.

Una vez que se han determinado las dos necesidades primordiales de cada uno, lo que corresponde es *alcanzar un acuerdo entre ambos respecto al vehículo y a la frecuencia* que se requiere para sentirse plenamente satisfecho.

Por favor, escribe tres vehículos que tu pareja percibe como satisfactor de su principal necesidad:

1. ____
2. ____
3. ____

Ahora anota la frecuencia con la que tu pareja requiere que se utilice cada vehículo para sentir que su principal necesidad ha sido satisfecha:

1. ____
2. ____
3. ____

Al llegar a este punto ustedes habrán obtenido un mejor y mayor entendimiento de las necesidades de cada uno y habrán descubierto sus preferencias en cuanto a los vehículos que utilizan para satisfacerlas. Mientras más específicos sean, más fácil será encontrar el camino hacia la satisfacción y obtener una mayor conexión. Sin embargo, hay que tener mucho cuidado para no caer en una transacción: "Yo te daré esto, pero tú me darás aquello". Comprométanse a satisfacer las necesidades principales del otro por noventa días y les aseguro que los resultados serán evidentes y el cambio en la relación, inevitable.

¡Les deseo lo mejor en esta bella aventura llamada matrimonio! Y espero que puedan alcanzar la relación que siempre han deseado, para cumplir la promesa que se hicieron: "disfrutar nuestra vida juntos hasta que la muerte nos separe"... sin sufrir en el intento.

Esperamos que este libro
haya sido de su agrado.
Para información o comentarios,
contáctenos en la dirección
que aparece debajo.

Muchas gracias.

HOJAS DEL SUR

www.hojasdelsur.com

/hojasdelsur

9 789871 882229